星ひとみの天星術

2024

地球グループ

山脈

MOUNTAIN RANGE

Star Eyes

HITOMI HOSHI

Happy Message

温かい風
優しい光
せせらぎの音

争い事のない世界で
いつでも穏やかな心でいたい

ときに周囲の騒音に耳を塞ぎたくなったり
自分とは違う価値観に困惑してしまうこともある

疲れたときはそっと立ち止まり
1人の時間を大切に

あなたには変化が入ります

高い山
今日までの道のり

あなたはしっかり歩いてきました

ぬかるみに足をとられたり
険しい坂道もあったでしょう

よくやった
自分はすごい

あなたの心を優しく包む
素敵な言葉をプレゼント

今が苦しいと感じたならば
今が1番成長できるとき

疲れる道は上り坂

“大丈夫”

小さくていい

うれしい
楽しい
幸せ
を積み重ねて

あなたは“大丈夫”

あなたの人生には続きがある

木々たちの呼吸
豊かな自然のエネルギーに
耳を澄まし
最大限に受け止める

ゆっくり3回深呼吸

自分のペースで
景色を見渡す余裕をもって

そうゆっくりと
それは雄大にそびえたつ大きな山となる

PROLOGUE

★ はじめに ★

皆様こんにちは、星ひとみです。

『星ひとみの天星術2024』を手にしていただき
またお会いできたことをうれしく思います。

この時代に皆様と出会い
天星術を通じ、つながることができた今に
心から感謝いたします。

この1年があっという間に過ぎたように感じた方も
逆に長かったなと感じた方もいるでしょう。

人生を満喫するために、生きるために。

笑ったり、怒ったり
挑戦したり、悩んだり。

なぜ自分だけがこのような目に遭うのかと
ときに苦しみ、前に進めなかった人も——。

心、生き方、歩む道のり。
人生に決めつけはなく
災いは回避し
苦しみは手放すことができる——。
私はそう信じています。
そして
あなたを照らす“光”はちゃんとある。

昨年に続き今年も、少しでも皆様の支えとなれるように
長い時間をかけて仕上げさせていただきました。

私のオリジナル鑑定法の「天星術」にも
生命の“光”が宿り
毎年少しずつ、ゆっくりと成長し、時代に合わせ、
私たちと一緒に動いています。

自分はダメだと決めつける必要はなく、
“影”や“リセット”の月でも、怖がる必要はありません。

自分の運命、
自分のリズム。

そして“光と影”。

あなたの今がどんな流れ《リズム》なのかを読みとり
一緒に進んでいきましょう。
私たちは生まれた瞬間に、星と光のエネルギーを受けて
それぞれの流れ《リズム》を授かります。

エネルギーは、月、地球、太陽の3つの天室に分かれ
「天星術」では、1つの天室を、さらに4つの天星に分けて見ています。

月グループは、満月、上弦の月、下弦の月、新月。
地球グループは、空、山脈、大陸、海。
太陽グループは、朝日、真昼、夕焼け、深夜。

天星には、それぞれナンバーがあり、あなたの星を知ることができます。
また、あなたの生まれた年で、運気が「赤」と「白」に分かれ、
2024年は、さらに深く運気を知ることができます。

中身を少し具体的に紹介しますと、
まずは、あなたの性格についての最新版トリセツ。
開運キーワード、12天星別の相性をお伝えするページから始まります。

次に、1年間という大きな視点で捉えた、2024年の運気や、
グラフで示した運気バイオリズム、
月ごとの開運メッセージと開運行動、天星ナンバー別の「赤」と「白」に分かれたお言葉、
さらに運気を、1日1日という点で捉えた毎日のメッセージがあります。

特に、全部で12ある天星をさらに細かく見て、
今年、今月のあなたがどんなリズムをもっているのか、
皆様の天星ナンバーの「赤」と「白」別に占っておりますので、
【2024年 天星ナンバー別の運気】【天星ナンバー別 今月のお言葉】に、
注目してみてください。

このように、あらゆる角度から運気を読むことで、
「今がどんな時期か——光なのか影なのか」「どんなことをすると幸せを感じられるか」
また「どんなことに気をつけたら不運を回避できるか」を分析することができます。

どこを読んでも、人生の“今”のヒントとなる言葉に出会えますように。

後半ページでは、「他の天星のプロフィール」も載せています。
自分を知り、相手を理解できたとき、素晴らしい関係となれるように
家族、お友達、仕事仲間、そして気になる人との付き合い方の参考にしてください。
まずは難しく考えず、肩の力を抜いてみましょう。

誰もが幸せになるチャンスがあります。
決して諦めなくていい。

あなたが幸せになるための
“キッカケ”となれたなら幸いです。

12天星別『星ひとみの天星術2024』
今日からあなたのお守りに。

皆様の1年が幸運の光につつまれますように。

自分を知り
今のリズムを知る
あなたの心に光を

天のエネルギー
星のエネルギーを“贈り”ます。

“あなたは大丈夫”

星ひとみ

CONTENTS

ASTROLOGY

天星術について

「天星術」は、中国に古くから伝わる東洋占星術をベースに、
さまざまな統計学や人間科学、心理的要素などを取り入れて作り上げた、
星ひとみによるオリジナル鑑定方法です。
時代とともに変化する“今”に合わせ、
進化させるべく研究を続けてきました。
生まれた日のエネルギーが、
月、地球、太陽のどのエネルギーの影響を受けているのか。
みなさんのエネルギーは、3つの天室に分かれ、
さらに4つの時星に導かれ、12の天星タイプとなっていきます。
「天星術」で読み解いていくことで、
過去にどんなことがあったのか、現在はどんな状況か、
そして未来がどうなっていくのかがわかります。
ただし大切なのは、**「天星術」は決して決めつけではない占術**である、ということ。
道がないことがわかれば、創ればいい。
壁にぶつかってしまうとわかれば、回避すればいい。
また、「天星術」は光と影、そのどちらも内包するもの。
光として出たのか、影として出たのか、
それを読みとれれば、自ら変えていくことができます。
失敗と感じても、
それは**未来に訪れる成功のために必要な失敗だった**、ということも。

未来をよりよくするために、占いをどう捉えて、どう動くのか。
あなたの心のもち方によって好転させることができる、
それが「天星術」です。

天星術 GROUP

月グループ	地球グループ	太陽グループ
満月	空	朝日
上弦の月	山脈	真昼
下弦の月	大陸	夕焼け
新月	海	深夜

HOW TO

あなたの天星の見つけかた

★ ★ ★

1

P.015から始まる 生年月表 を見て、
あなたの生まれた年と月が交わる数字を
探してください。

↓

2

その数字に、生まれた日の数字を足してください。
その数字があなたの 天星ナンバー です。

※合計した数字が61以上になる場合は、その数字から60を引いたものが
天星ナンバーになります。

↓

3

P.014の 天星ナンバー対応表 を参照して、
天星を見つけてください。

↓

4

生まれ年(西暦)の下ひとけたが
偶数か奇数かを見て、赤か白かを確認します。

例

1995年4月20日生まれの場合

[生年月表]で1995年と4月が交わる数字は「58」。
「58」に生まれた日の「20」を足して「78」。
61以上になるので、60を引くと「18」。
[天星ナンバー対応表]を参照すると、「18」の天星は「夕焼け」。
生まれ年(西暦)の下ひとけたが奇数なので、「白」。

こちらでも！

CHECK!

あなたの天星は？

★★★

…… LINK 1

生まれた年 ＿＿＿＿＿ 年と
生まれた月 ＿＿＿＿＿ 月が
生年月表 で交わる数字

…… LINK 2

天星ナンバー

❶で出した数字 ＋ 生まれた日の数字 ＝

61以上の場合は、60を引いて

…… LINK 3

天星ナンバー対応表 によると
あなたの天星は ＿＿＿ の ＿＿＿

例えば 「夕焼け」 の 「18」

…… LINK 4

生まれ年の下ひとけたが
偶数 ……> 赤
奇数 ……> 白

あなたは ＿＿＿ の ＿＿＿ の ＿＿＿ です。

例えば 「夕焼け」 の 「18」 の 「白」

★ 天星ナンバー対応表 ★

天星ナンバーも覚えておこう!

月グループ MOON	満月	4 10 33 39 45
	上弦の月	11 17 32 38
	下弦の月	2 3 8 41 47
	新月	14 20 23 26 29 36
地球グループ EARTH	空	6 43 49 54 55 60
	山脈	9 15 16 34 40 46
	大陸	1 5 50 53 56 59
	海	51 52 57 58
太陽グループ SUN	朝日	21 22 27 28
	真昼	7 42 44 48
	夕焼け	12 18 31 37
	深夜	13 19 24 25 30 35

★ 生年月表 ★

生まれ年	和暦	干支	1月	2月	3月	4月	5月	6月	7月	8月	9月	10月	11月	12月
1920	T9	申	54	25	54	25	55	26	56	27	58	28	59	29
1921	T10	酉	0	31	59	30	0	31	1	32	3	33	4	34
1922	T11	戌	5	36	4	35	5	36	6	37	8	38	9	39
1923	T12	亥	10	41	9	40	10	41	11	42	13	43	14	44
1924	T13	子	15	46	15	46	16	47	17	48	19	49	20	50
1925	T14	丑	21	52	20	51	21	52	22	53	24	54	25	55
1926	T15/S1	寅	26	57	25	56	26	57	27	58	29	59	30	0
1927	S2	卯	31	2	30	1	31	2	32	3	34	4	35	5

★ 生年月表 ★

生まれ年	和暦	干支	1月	2月	3月	4月	5月	6月	7月	8月	9月	10月	11月	12月
1928	S3	辰	36	7	36	7	37	8	38	9	40	10	41	11
1929	S4	巳	42	13	41	12	42	13	43	14	45	15	46	16
1930	S5	午	47	18	46	17	47	18	48	19	50	20	51	21
1931	S6	未	52	23	51	22	52	23	53	24	55	25	56	26
1932	S7	申	57	28	57	28	58	29	59	30	1	31	2	32
1933	S8	酉	3	34	2	33	3	34	4	35	6	36	7	37
1934	S9	戌	8	39	7	38	8	39	9	40	11	41	12	42
1935	S10	亥	13	44	12	43	13	44	14	45	16	46	17	47
1936	S11	子	18	49	18	49	19	50	20	51	22	52	23	53
1937	S12	丑	24	55	23	54	24	55	25	56	27	57	28	58

★ 生年月表 ★

生まれ年	和暦	干支	1月	2月	3月	4月	5月	6月	7月	8月	9月	10月	11月	12月
1938	S13	寅	29	0	28	59	29	0	30	1	32	2	33	3
1939	S14	卯	34	5	33	4	34	5	35	6	37	7	38	8
1940	S15	辰	39	10	39	10	40	11	41	12	43	13	44	14
1941	S16	巳	45	16	44	15	45	16	46	17	48	18	49	19
1942	S17	午	50	21	49	20	50	21	51	22	53	23	54	24
1943	S18	未	55	26	54	25	55	26	56	27	58	28	59	29
1944	S19	申	0	31	0	31	1	32	2	33	4	34	5	35
1945	S20	酉	6	37	5	36	6	37	7	38	9	39	10	40
1946	S21	戌	11	42	10	41	11	42	12	43	14	44	15	45
1947	S22	亥	16	47	15	46	16	47	17	48	19	49	20	50

★ 生年月表 ★

生まれ年	和暦	干支	1月	2月	3月	4月	5月	6月	7月	8月	9月	10月	11月	12月
1948	S23	子	21	52	21	52	22	53	23	54	25	55	26	56
1949	S24	丑	27	58	26	57	27	58	28	59	30	0	31	1
1950	S25	寅	32	3	31	2	32	3	33	4	35	5	36	6
1951	S26	卯	37	8	36	7	37	8	38	9	40	10	41	11
1952	S27	辰	42	13	42	13	43	14	44	15	46	16	47	17
1953	S28	巳	48	19	47	18	48	19	49	20	51	21	52	22
1954	S29	午	53	24	52	23	53	24	54	25	56	26	57	27
1955	S30	未	58	29	57	28	58	29	59	30	1	31	2	32
1956	S31	申	3	34	3	34	4	35	5	36	7	37	8	38
1957	S32	酉	9	40	8	39	9	40	10	41	12	42	13	43

★ 生年月表 ★

生まれ年	和暦	干支	1月	2月	3月	4月	5月	6月	7月	8月	9月	10月	11月	12月
1958	S33	戌	14	45	13	44	14	45	15	46	17	47	18	48
1959	S34	亥	19	50	18	49	19	50	20	51	22	52	23	53
1960	S35	子	24	55	24	55	25	56	26	57	28	58	29	59
1961	S36	丑	30	1	29	0	30	1	31	2	33	3	34	4
1962	S37	寅	35	6	34	5	35	6	36	7	38	8	39	9
1963	S38	卯	40	11	39	10	40	11	41	12	43	13	44	14
1964	S39	辰	45	16	45	16	46	17	47	18	49	19	50	20
1965	S40	巳	51	22	50	21	51	22	52	23	54	24	55	25
1966	S41	午	56	27	55	26	56	27	57	28	59	29	0	30
1967	S42	未	1	32	0	31	1	32	2	33	4	34	5	35

★ 生年月表 ★

生まれ年	和暦	干支	1月	2月	3月	4月	5月	6月	7月	8月	9月	10月	11月	12月
1968	S43	申	6	37	6	37	7	38	8	39	10	40	11	41
1969	S44	酉	12	43	11	42	12	43	13	44	15	45	16	46
1970	S45	戌	17	48	16	47	17	48	18	49	20	50	21	51
1971	S46	亥	22	53	21	52	22	53	23	54	25	55	26	56
1972	S47	子	27	58	27	58	28	59	29	0	31	1	32	2
1973	S48	丑	33	4	32	3	33	4	34	5	36	6	37	7
1974	S49	寅	38	9	37	8	38	9	39	10	41	11	42	12
1975	S50	卯	43	14	42	13	43	14	44	15	46	16	47	17
1976	S51	辰	48	19	48	19	49	20	50	21	52	22	53	23
1977	S52	巳	54	25	53	24	54	25	55	26	57	27	58	28

★ 生年月表 ★

生まれ年	和暦	干支	1月	2月	3月	4月	5月	6月	7月	8月	9月	10月	11月	12月
1978	S53	午	59	30	58	29	59	30	0	31	2	32	3	33
1979	S54	未	4	35	3	34	4	35	5	36	7	37	8	38
1980	S55	申	9	40	9	40	10	41	11	42	13	43	14	44
1981	S56	酉	15	46	14	45	15	46	16	47	18	48	19	49
1982	S57	戌	20	51	19	50	20	51	21	52	23	53	24	54
1983	S58	亥	25	56	24	55	25	56	26	57	28	58	29	59
1984	S59	子	30	1	30	1	31	2	32	3	34	4	35	5
1985	S60	丑	36	7	35	6	36	7	37	8	39	9	40	10
1986	S61	寅	41	12	40	11	41	12	42	13	44	14	45	15
1987	S62	卯	46	17	45	16	46	17	47	18	49	19	50	20

★ 生年月表 ★

生まれ年	和暦	干支	1月	2月	3月	4月	5月	6月	7月	8月	9月	10月	11月	12月
1988	S63	辰	51	22	51	22	52	23	53	24	55	25	56	26
1989	S64/H1	巳	57	28	56	27	57	28	58	29	0	30	1	31
1990	H2	午	2	33	1	32	2	33	3	34	5	35	6	36
1991	H3	未	7	38	6	37	7	38	8	39	10	40	11	41
1992	H4	申	12	43	12	43	13	44	14	45	16	46	17	47
1993	H5	酉	18	49	17	48	18	49	19	50	21	51	22	52
1994	H6	戌	23	54	22	53	23	54	24	55	26	56	27	57
1995	H7	亥	28	59	27	58	28	59	29	0	31	1	32	2
1996	H8	子	33	4	33	4	34	5	35	6	37	7	38	8
1997	H9	丑	39	10	38	9	39	10	40	11	42	12	43	13

★ 生年月表 ★

生まれ年	和暦	干支	1月	2月	3月	4月	5月	6月	7月	8月	9月	10月	11月	12月
1998	H10	寅	44	15	43	14	44	15	45	16	47	17	48	18
1999	H11	卯	49	20	48	19	49	20	50	21	52	22	53	23
2000	H12	辰	54	25	54	25	55	26	56	27	58	28	59	29
2001	H13	巳	0	31	59	30	0	31	1	32	3	33	4	34
2002	H14	午	5	36	4	35	5	36	6	37	8	38	9	39
2003	H15	未	10	41	9	40	10	41	11	42	13	43	14	44
2004	H16	申	15	46	15	46	16	47	17	48	19	49	20	50
2005	H17	酉	21	52	20	51	21	52	22	53	24	54	25	55
2006	H18	戌	26	57	25	56	26	57	27	58	29	59	30	0
2007	H19	亥	31	2	30	1	31	2	32	3	34	4	35	5

★ 生年月表 ★

生まれ年	和暦	干支	1月	2月	3月	4月	5月	6月	7月	8月	9月	10月	11月	12月
2008	H20	子	36	7	36	7	37	8	38	9	40	10	41	11
2009	H21	丑	42	13	41	12	42	13	43	14	45	15	46	16
2010	H22	寅	47	18	46	17	47	18	48	19	50	20	51	21
2011	H23	卯	52	23	51	22	52	23	53	24	55	25	56	26
2012	H24	辰	57	28	57	28	58	29	59	30	1	31	2	32
2013	H25	巳	3	34	2	33	3	34	4	35	6	36	7	37
2014	H26	午	8	39	7	38	8	39	9	40	11	41	12	42
2015	H27	未	13	44	12	43	13	44	14	45	16	46	17	47
2016	H28	申	18	49	18	49	19	50	20	51	22	52	23	53
2017	H29	酉	24	55	23	54	24	55	25	56	27	57	28	58

★ 生年月表 ★

生まれ年	和暦	干支	1月	2月	3月	4月	5月	6月	7月	8月	9月	10月	11月	12月
2018	H30	戌	29	0	28	59	29	0	30	1	32	2	33	3
2019	H31/R1	亥	34	5	33	4	34	5	35	6	37	7	38	8
2020	R2	子	39	10	39	10	40	11	41	12	43	13	44	14
2021	R3	丑	45	16	44	15	45	16	46	17	48	18	49	19
2022	R4	寅	50	21	49	20	50	21	51	22	53	23	54	24
2023	R5	卯	55	26	54	25	55	26	56	27	58	28	59	29
2024	R6	辰	0	31	0	31	1	32	2	33	4	34	5	35

MOUNTAIN RANGE

山脈
プロフィール

あなたの性格に迫るとともに、
2024年の運気や開運色、
相性などもお伝えします。

Mountain Range Profile

LIGHT

□ 協調性を大事にしているなごみ系

□ 争いを好まない安定志向の平和主義

□ ステータス、評価のために
真面目に努力する

□ 期待されると、やる気と成果を出せる

決断する月、努力が報われる月、吉凶混ざり引きが強い月にこの傾向が表れます

山脈の
光と影

各天星タイプには、もともともっている性質があります。普段、表に出ているのが「光」の性質です。ただ、運気バイオリズムが崩れると「影」の性質が出てきます。

SHADOW

□ 計算高く、損得勘定しがち

□ 利益を優先、論理派で実はドライ

□ 面倒くさいことが大嫌い

□ 理屈っぽく人を馬鹿にすることも

運気が低迷する月、八方塞がりになりやすい月、リセットの月にこの傾向が表れます

運気バイオリズム（P.034）が☀（光）と☁（影）のときに、上記のような性質がそれぞれ出てきます。

山脈

平和主義なお茶目さん

基本性格

1つひとつ着実に自信をつけ、協調性を重んじる安定志向タイプ。興味をもてない人付き合いは面倒に思いがちですが、周りを和ませる愛嬌があり、実は幅広い交友関係を築ける社交性を隠しもっています。ドライなリアリストで論理的な面も。ほめられたり、認められることで大きく成長します。

山脈のトリセツ

⬆好きなこと・喜ぶこと

- 自然なほめまくり攻撃
- 自分の目標をクリア！
- 自分のペースで進行
- お得を感じること
- 趣味に没頭できること
- レアな物、価値がある物

⬇嫌がること・ストレスになること

- 面倒くさいこと
- 自分に無関係な話
- 効率が悪いこと
- タスクが終わらない状況
- 騒がしい場所や大きな音
- 非常識なこと

2024年の開運のカギ

やるといいこと	1人の時間やリフレッシュを大切に
気をつけるべきこと	自分にも人にも厳しくしない

2024年の開運相性

恋愛運を上げる天星	仕事運をのばす天星	金運をのばす天星
山脈×**海**	山脈×**山脈**	山脈×**大陸**

基本の開運色
緑

2024年の開運色
黄色

2024年の開運アイテム
トートバッグ

2024年の開運スポット
緑が多く静かな場所

天星タイプ別 基本の相性

山脈×満月 ★★★☆☆	山脈×大陸 ★★☆☆☆
山脈×上弦の月 ★★☆☆☆	山脈×海 ★★★☆☆
山脈×下弦の月 ★★★★★	山脈×朝日 ★★★★☆
山脈×新月 ★☆☆☆☆	山脈×真昼 ★☆☆☆☆
山脈×空 ★★★★☆	山脈×夕焼け ★★★☆☆
山脈×山脈 ★★★★☆	山脈×深夜 ★★★☆☆

山脈

ドライだけどコミュニケーション力抜群！

天星ナンバー

9

愛嬌はありますが、根はドライで現実的。自分のペースを乱してくる人はとても苦手です。とはいえ一度心を許すと一気に愛情深くなり、相手のことを大切にします。1人で抱え込みやすいですが、周りとの調和を大切にすると運気がアップするでしょう。

こんな星が入ってる

- ★ ハマると愛情深い星
- ★ ポイントカードの星
- ★ オタク気質の星

本物志向の隠れしっかりさん

天星ナンバー

15

周りに合わせることの多い内弁慶なタイプ。そのため、「相手によって見せる顔が違う」と言われてしまうかも。しかし実は自分の考えを強くもっており、わがままな一面も。ほめられると調子にのってしまい、ブレやすくなるので、自分の芯を大切にして。

こんな星が入ってる

- ★ 無添加の星
- ★ 自分理論が強い星
- ★ 好奇心旺盛の星

バランス感覚に優れたロマンチスト

天星ナンバー

16

愛情深さと現実主義のバランスに長けた人。世渡りがうまいものの、警戒心が強く繊細なので、人間関係で疲れてしまうことも。一度考え込んでしまうと、ネガティブな気持ちにとらわれてしまうので、何事も気楽に捉えてみると本来の魅力が輝いてくるでしょう。

こんな星が入ってる

- ★ 胃が痛い星
- ★ 疑り深い星
- ★ 周囲の目が気になる星

CHARACTER

天星ナンバー別の性格

天星ナンバー
34

パワフルで頼れる倹約主義者

楽しいことが好きでパワフルな人。ピンチのときに力を発揮できるので、頼りにされることも。一方で、損得勘定で物事を判断する計算高い一面もあります。金銭面では節約志向で、少しケチ。軽はずみな言動を控えるようにすれば、トラブルを避けられるでしょう。

こんな星が入ってる

- ★ 計算高くてスマートの星
- ★ 楽しいことが大好きの星
- ★ エコバッグの星

天星ナンバー
40

ドライさを愛嬌でカバーする面倒くさがり

計画を立てて、マイペースにコツコツ頑張るのが得意。ほめられることで、魅力が輝く人です。基本的には優しいので人に合わせますが、実は淡白な性格。誰かのために行動することや、面倒なことは苦手です。仲間との絆を大切にすると、運がひらけていきます。

こんな星が入ってる

- ★ いい人キャラの星
- ★ 激しく面倒くさがりの星
- ★ ほめられたら動く星

天星ナンバー
46

おひとりさま大好き！ 器用な野心家

野心家で、メリットのあることが好き。仕事と恋愛をうまく両立できる器用さももっています。一方で、誰かとずっと一緒にいることや、自分の邪魔をされることは苦手。周りを優先しすぎるとストレスを抱えてしまうので、自分のペースを保つようにすると◎。

こんな星が入ってる

- ★ 実は野心家の星
- ★「お得」に弱い星
- ★ 小言が多い星

MOUNTAIN RANGE

YEARLY FORTUNE

2024年
山脈の運勢

THEME

“努力が実り
頑張りが報われる年”

総合運

TOTAL

2023年末頃から明るい兆しが見え始め、それに続く2024年は願いや目標を達成させるだけのパワーがある年。さらに、最善策を選べる思考能力も備わった1年になるでしょう。注意点をあえていうなら、順調だからこそわがままになりがちで人間関係に支障が生じやすいこと。つい調子にのってしまうこともありますが、謙虚な姿勢を心がければ円満状態をキープできます。何事にも誠実な態度で向き合い、良好な関係からもたらされるチャンスをつかんでいきましょう。

恋愛運

LOVE

恋愛に対して積極的に行動したい年。注目度が上がる1年になるので、デートに誘われることも多くなりそうです。気になる人が現れたら、駆け引きをしたり恥ずかしがったりせず、好意を素直に表すように心がけて距離を縮めましょう。浮気心にはご用心。また、結婚を望んでいるならばよいタイミングの年です。

仕事運＆金運

WORK & MONEY

仕事運のカギは「理解者」。仕事上のパートナーがいるとさらに力を発揮することができます。理解者がいない場合は、人選に気をつけながらパートナーを見つけてみて。2024年は交際費がかさむことになるので、本当にお金が必要になったときに困らないよう、金銭面の管理はしっかりと。

2024年の運気バイオリズム

リセットの月
- 判断ミス
- 縁が切れる
- 爆発しやすい

新スタートの月
- 新発見
- チャレンジする
- 直感が戻る

物事を見直す月
- 体調を崩しやすい
- 準備の時期
- 少し休憩

決断する月
- 直感に従う
- 人生が変わる
- 軸を定める

メンテナンスの月
- 体調管理を第一に
- メンタルダウンに注意
- 癒しを大切にする

努力が報われる月
- 変化がある
- 力を発揮できる
- 夢が膨らむ

誘惑が多い月
- 調子にのりがち
- 足腰を温める
- 決断はNG

2023年　2024年

秋　冬　春

（光）と（影）のときは、
P.027のような性質が
それぞれ出てきます。

再挑戦できる月
・縁ある人と再会
・チャンス到来
・経験を活かせるとき

吉凶混ざり引きが強い月
・自信をもって行動
・プチセレブ感
・注目が集まる

振り返ってみる月
・楽しんでみる
・穏やかな雰囲気
・最後の決断

運気が低迷する月
・健康面に影が
・頑固はNG
・流れに身を委ねる

八方塞がりになりやすい月
・謙虚さを大事に
・決めつけない
・じっくり煮詰める

リセットの月
・判断ミス
・縁が切れる
・爆発しやすい

新スタートの月
・新発見
・チャレンジする
・直感が戻る

夏　秋　冬

赤（偶数年生まれ）

9

今までの努力が報われる年。周りからの期待が高まったり、自分の力が発揮されるとき。自分のペースで物事を進められ、夢も膨らんでいくでしょう。努力が足りなかった人も巻き返しのチャンス。目標を絞ってペースを上げていくと変化があるはず。

決断運	★★★★★
人間関係	★★★☆☆
健康運	★★★★☆
金運	★★★☆☆

＼あなただけの／
光の月 4月、7月／**影の月** 9月、10月

15 16

2024年は再起のチャンス。過去に挫折したことは、反省を活かして再チャレンジすれば実をつけそうです。また、懐かしい人との縁が深まり、救われることも多いでしょう。紹介運も高まり、人が自然と集まってくるなど、飛躍の運気です。

決断運	★★★★☆
人間関係	★★★★★
健康運	★★★☆☆
金運	★★★★☆

＼あなただけの／
光の月 2月、5月／**影の月** 7月、8月

34 40

大・小の変化が入る年。流れに身を任せ、強気な行動や大きな決断は避けた方がよさそうです。不安を感じるなら、周囲の助言に耳を傾け、謙虚な姿勢を心がけるように。勉強を始めるなど、将来のための種を蒔くのにもいい運気です。

決断運	☆☆☆☆☆
人間関係	★★★☆☆
健康運	☆☆☆☆☆
金運	★★★☆☆

＼あなただけの／
光の月 1月、10月／**影の月** 3月、4月

46

ゆっくりとスタートする年。春以降、直感も冴えてきます。何かをリセットし、大きく変化する人も。好奇心を刺激されることにはどんどん挑戦してみましょう。過去のこだわりを捨て、積極的に人と交流を。未来を見据えて動けば好機は目の前に!!

決断運	★★★★☆
人間関係	★★☆☆☆
健康運	★★★☆☆
金運	★★★☆☆

＼あなただけの／
光の月 8月、11月／**影の月** 1月、2月

WHITE

白(奇数年生まれ)

9

心身を労りたい年。過去の疲れが出やすく、メンタルもダウンしがちに。対人関係のストレスが溜まりやすいときなので、無理せず休むことが重要です。癒される場所、自由になれる空間をもち、もっと自分を大切にしてみましょう。

決断運	★★☆☆☆
人間関係	★☆☆☆☆
健康運	☆☆☆☆☆
金運	★★★☆☆

\あなただけの/
光の月 5月、8月/**影の月 10月、11月**

15 16

気持ちが緩み迷いが生じやすい年。人からの誘いも増え、自分に自信をもてる一方で、あれもこれもと気移りし、何を選んでいいかわからなくなるかもしれません。誘惑にも注意。調子にのりすぎず、ブレない気持ちとやり抜く気持ちがあれば回避します。

決断運	★★☆☆☆
人間関係	★★☆☆☆
健康運	★★☆☆☆
金運	★★★☆☆

\あなただけの/
光の月 3月、6月/**影の月 8月、9月**

34 40

好調だった2023年と異なり、思いがけない障害に阻まれるなど、モヤがかかりそう。人間関係も注意が必要ですが、奉仕の気持ちをもって接することを大切に。初心を忘れず、お世話になった人への恩返しを意識しましょう。焦らず、現状維持をめざして。

決断運	★☆☆☆☆
人間関係	★☆☆☆☆
健康運	★☆☆☆☆
金運	★★★☆☆

\あなただけの/
光の月 2月、11月/**影の月 4月、5月**

46

2024年は自分を何よりも大切に。物事がリセットされる年です。よくも悪くも変化が多く、不要な縁や処分できなかったものは捨てることを意識し、溜まった毒素をデトックス。未練や執着を手放し、自分の殻を破りましょう。

決断運	★☆☆☆☆
人間関係	★★☆☆☆
健康運	★★☆☆☆
金運	★★☆☆☆

\あなただけの/
光の月 9月、12月/**影の月 2月、3月**

2023 11 November リセットの月

今月の開運メッセージ

ネガティブな人間関係は手放していいタイミングです。あなたが頑張っても、周りが変わるとは限りません。また、ほかの方法を試すなど、努力を続けてもうまくいかないと感じるなら、諦めて距離をとってみるのも1つの方法です。縁が切れたとしても、「これでよかった」と前向きに考えて、心を切り替えるようにしましょう。次の新しい出会いにつながるはずです。

今月の開運行動

1. 幸せになれる道を選んでみる
2. 何事も使い過ぎ、やり過ぎに注意
3. 言動に気をつけてみる

天星ナンバー別 今月のお言葉

あなたの天星ナンバーをチェック!

RED

赤（偶数年生まれ）	天星ナンバー	白（奇数年生まれ）
優しい笑顔を意識し、どんな相手にも丁寧に接しましょう。周囲を変えようと思わずに、自分が変わる意識で周りも変化。	9	人を幸せに。自分のためではなく誰かのために動くイメージで、何があっても決めつけないこと。体調が不安定な時期なので、体調管理も徹底を。
たまには自分のためにご褒美を。肩の力を抜き、周りに甘えることも大切。結果を急ぐより、小さな挑戦をすると成功の種に。出会い運もあり！	15 16	願いを強化。自分にとっての幸せや喜び、成功のイメージを具体的に思い描き出して。難しく考えず思い立ったらまずは行動を。
少し迷い気味。目の前のことに集中し手を抜かないように。おいしい話は聞くだけにして、自分で判断しないこと。飲み会での暴飲暴食に注意！	34 40	チャンスが入ったり頑張りが評価され、一気に注目を浴びそう。この機会に好きなことや楽しいことを増やしましょう。自信をもって行動を。
周囲から注目が集まりそうな運気です。柔らかな態度で接して。苦しい道を選ぶと大切な変化が入ります。良質なものを買うと運気アップ。	46	旧友からの連絡は開運に。思い出の料理を食べたり、懐かしいことがキーワード。親孝行や先祖の供養もいい流れを呼びこみます。

2023 12 December 新スタートの月

今月の開運メッセージ

ここ数カ月続いていたモヤがようやく晴れて、直感が戻るときです。運気も少しずつ上昇していきます。変化を受け入れて、過去ではなく未来に目を向けるようにしましょう。自分からどんどん動きたくなるタイミングですが、ゆっくりとしたスピードを心がけることも大切です。一歩ずつ、着実にあなたらしく挑戦を積み重ねていってください。

今月の開運行動

1. 自分に素直になり、やりたいことに向かって行動を起こす
2. インテリアや家具の配置を変えてみる
3. 体調管理に気をつけ免疫力を高める食事や習慣を大切にする

天星ナンバー別 今月のお言葉

あなたの天星ナンバーをチェック!

RED

赤（偶数年生まれ）	天星ナンバー	白（奇数年生まれ）
新年が近づくにつれ運気が上昇。新たなチャレンジや努力、学びは追い風になります。まずはTo Doリストを作成してみて。	9	無理をすると感情が爆発するかも。去るものは追わずという気持ちで手放しましょう。部屋を片付けるとスッキリした気持ちに。
集中力が高まる年末は、勉強を始めるのにぴったりの時期。ダイエットや習い事を始めるのにも最適なので、目標を立ててみて。	15 16	寒さで体がこわばり体調に影響あり。肩や腰のストレッチをして体をほぐし流れをよくして。出会い運もあるので、交流の場を広げてみると◎。
オン・オフのメリハリをつけ、家族と楽しい時間を過ごすことが開運に。過去に縁があった人に助けられることも。幸せは必ず見つけられます。	34 40	大掃除は早めに取りかかり、体のケアもしっかりと。今ある幸せを見失わないように。浮気心は封印。大切な人には感謝を伝えて。
くさいものに蓋をせず、悩みの種はできるだけ早いうちに解決を。穏やかな気持ちで年を越しましょう。月末は時間に余裕をもって動くと◎。	46	周りの状況をよく見て、思いやりを持った行動を心がけて。資格の勉強など、スキルアップのための自己投資は惜しまずに。

2024 1 January 物事を見直す月

今月の開運メッセージ

ボディメンテナンスを心がけたい月。疲れやすく体調も崩しやすい運気です。運動で筋肉をつけたり、ストレッチをして凝りをほぐしてみて。不調を感じる部分を整えることで、気持ちも安定してくるはずです。オフのときはしっかりと休んで、メリハリのある日々を送り自分を大切に。何かを発信するよりインプットに時間を使うと◎。

今月の開運行動

1. 内側から美を磨いてみる
2. 丁寧な振る舞いを心がける
3. 笑顔を意識してみる

天星ナンバー別
今月のお言葉

あなたの
天星ナンバー
をチェック!

RED

赤（偶数年生まれ）		白（奇数年生まれ）
昨年思うように進まなかったことを見直すといい月。立ち止まって考える時間をもって。体調を崩しやすい時なので休養もしっかりと。	9	冬の寒さで心も閉ざしやすい季節ですがまもなく新たな“光”が入ってきます。もう一度自分を信じ、新たなチャレンジと行動する力を高めてみて。
2024年はゆったりめにスタート。体調や癒しを大切にしたい時期なので、無理せず、自分のペースで一歩ずつ進みましょう。	15 16	プライベートの充実がツキを呼び込むエッセンスに。やりたいことを書き出してみて。内面磨きに力を入れると魅力がアップします。
ワンランクアップがテーマの月。自分を高めるために投資したり、日用品を少しよいものに変えるのも◎。幸運を分かち合うと上昇気流に。	34 40	あなたを救ってくれる人や必要な人が集まるとき。メールの返信は早めに。「ご飯行きましょう」という社交辞令はなし。心をこめた対応が吉。
これまでの不摂生のつけが出やすい時期。寒さに負けない体力作りを。丁寧な暮らしを意識し、親族への気配りが高評価。おもてなしを大切に。	46	新年はワクワク探しをしてみましょう。面倒なことは早めに片づけると、流れに弾みがつきそう。昨年を振り返って悪い習慣を断つと開運に。

2024 2 February 決断する月

今月の開運メッセージ

チャンスに恵まれそうな月です。直感が冴えるときなので、これまで難しいと感じて尻込みしていたことでも、ポジティブな気持ちをもって突き進んでみればうまくいきそうです。また、いつもよりワクワクやトキメキを増やすと運気がアップします。変化を楽しむことであなたの魅力がますます輝くでしょう。

今月の開運行動

1. 月の初めに目標を定め
月末に振り返る
2. 変化を楽しんでみる
3. 自分が本当に欲しいものは
何かを考える

天星ナンバー別 今月のお言葉

あなたの天星ナンバーをチェック！

RED

天星ナンバー	赤（偶数年生まれ）	白（奇数年生まれ）
9	転職や引っ越しなど、大きな決断に適したとき。意思を強くもちつつも、頑固になりすぎないようにするとさらにツキがひらけるはず。	生活習慣や食生活を見直し意識改革の強化を。健康的な食事とサプリを組み合わせたり、トレーニングをするなど、体の中からキレイを目指して。
15 16	キャリアの節目。起業や転職運も高めです。人脈をフル活用して動くといい月。攻めの姿勢が良縁を呼び込みます。プチ贅沢も吉。	前半は体調を整え、食事も睡眠もしっかりとって充電期間に。後半は感情的にならないように冷静に。
34 40	日常の中のワクワクを探してみましょう。面倒に思うことも楽しみながら取り組むと運もアップ。重要なことに早めに着手すれば吉月に。	周りからの注目が集まる時期。視野を広げて、新たなジャンルに手を出すと意外な才能が見つかりそう。知識や品格を磨く分野が◎。
46	あれこれ挑戦するより、じっくり自分を見つめるとき。頑固さを手放し、人の意見を受け入れるとあなたの魅力もアップ。合言葉は奉仕の心。	自分磨きができるとき。何でも学ぶ気持ちで受け止めると、知らず知らず力になっていくはず。「人に優しく、自分に厳しく」が開運に。

2024 3 March メンテナンスの月

今月の開運メッセージ

力を温存したいとき。今月は次のステージに向けて、準備をする時期です。まずは体調管理を第一にしてください。睡眠をしっかりととり、バランスのよい食事も意識的に摂るように。日々を送るなかで物事がうまくいかないときもありますが、焦らないことが肝心。頑張るよりもリラックスすることに集中して、心を落ち着かせましょう。

今月の開運行動

1. 無理をしていないか
自分を見つめ、休憩してみる
2. 美しい自然に親しみ
心身を休める
3. 1人の時間に好きなことをして
心の栄養を自分に与える

天星ナンバー別
今月のお言葉

あなたの天星ナンバーをチェック!

RED

赤（偶数年生まれ）	天星ナンバー	白（奇数年生まれ）
心身を整えることを優先したい時。疲れをこまめにリフレッシュし、不要なものを手放すことで、来月以降いい流れにのれるはず。	9	人生が変わるような出来事があっても、平常心をキープして。勇気のいる決断があなたの成長に。執着は手放し、相手をちゃんと愛してみて。
心が浮ついて、ケアレスミスをしてしまうかも。気を引き締めて、一つのことに集中しましょう。冷え対策は足腰を重点的に。	15 16	あなたを高めてくれる人との縁に恵まれ、夢が膨らみそう。今までの努力が報われます。頑張ったご褒美はいつもより贅沢に。自分に投資も◎。
予想外のことがある予感。どんなことも「いい経験！」と柔軟に受け止め、考えすぎないように。太りやすい時期なので、食生活には気をつけて。	34 40	耳鳴りやしびれ、肩こりなど、不調が入りやすい月。なるべく体を冷やさず冷たいものは控え自律神経を整えてみて。自分を癒す時間を大切に。
あなたの波長が変わる月。今の気持ちに合うものを取捨選択してみて。予想外の試練は成長の材料。部屋の掃除や空気の入れ替えでスッキリと。	46	視点が変わるとき。人の意見に耳を傾けると、自分に足りないところが見つかりそう。ネガティブモードに陥ったら、汗を流しリセットを。

2024 4 April 努力が報われる月

今月の開運メッセージ

自分が思っている以上に柔らかく過ごすと開運に。今月は今までできなかったこと、ストレスになっている問題、やらなきゃと思いながら後回しにしていたことにとりかかってみて。具体的な夢がない場合は、こうありたいなど、願い事を言うのも◎。周りからの評価も高まりますが、謙虚に受け止め前に進んでいってください。

今月の開運行動

1. 優しい口調を意識する
2. 自分にご褒美をあげてみる
3. 服装や髪型などを変えてみる

あなたの天星ナンバーをチェック！

天星ナンバー別
今月のお言葉

RED

天星ナンバー	赤（偶数年生まれ）	白（奇数年生まれ）
9	天からのサポートがもたらされて、夢が膨らむ月。叶えたいことをどんどん口に出すと、前進する力に。勇気を出して最初の一歩を！	不安を感じたらデトックス。ときにはスマホの電源を切って、1人の時間を作ることが大切です。心身をゆっくり労り、健康管理をしっかりと。
15 16	直感の導くままにアクティブに進みたい月。イベントには進んで参加を。マメな運動で心も体もスッキリさせると開運。	一目惚れや酔ったいきおいなどで、思わぬ出来事が入りやすい月。気を引き締めて行動を。迷ったときは何もしない選択が吉。
34 40	うまくいかないときほどこだわりを手放し、少しだけ感情の使い方を変えて。海外運もいいので、異文化に触れるのも◎。広い視野を育てよう。	勉強、学び、努力。あなたはまだまだ良いエネルギーを吸収できるのに少しサボりがちかも。やりたかったこと、できなかったことを書き出して。
46	人生のシフトチェンジの月。情報のアンテナを張って、フットワークを軽くすると上昇気流に。引っ越しやイメチェンもGOOD。	今の自分の波長に合わないものが出てきそう。ズレを感じたら手放して正解。身軽になるほど新しい縁がやってきます。親孝行や家族を大切に。

2024 5 May 誘惑が多い月

今月の開運メッセージ

今月のキーワードは「思慮深さ」です。心に隙ができやすいので、何事もいったん立ち止まって考えてみましょう。直感よりも理性や分別を軸に行動することで後悔することを避けられます。また、今月は自分に甘くなる傾向にあるので、食べすぎやだらしない生活には気をつけて。毎日、鏡で全身を見るなど、スタイルのチェックや周りの意見を取り入れてみましょう。

今月の開運行動

1. 準備は十分すぎるほど丁寧に
2. 困っている人への声かけなど親切を心がける
3. 一度決めたことは最後までやりぬく

天星ナンバー別
今月のお言葉

あなたの
天星ナンバー
をチェック!

RED

赤（偶数年生まれ）	天星ナンバー	白（奇数年生まれ）
気を引き締めて過ごしたい月。うっかりミスをしやすいので、準備や確認は念入りに。気持ちが揺れやすいので大きな決断は避けて。	9	変化が起こりそうな月。1日1つ、小さな喜びを探してみて。幸せは与えられるものではなく、自分で見つけるもの。強い気持ちを大切に。
成長できる月。ランクアップにスキルアップ、変化も吉。好調の波。ただし、足をすくわれやすいので、嫉妬や見栄には気をつけて。	15 16	交流運が高まる月。あなたに必要な情報や喜びも人を介してもたらされる暗示。厳しいアドバイスにも聞く耳をもってみて。
あなたの波長が変わるとき。しっくりこなくなってきたものは思い切って手放して。スマホのデータ整理も今がチャンス。親孝行も開運に。	34 40	今月は自分よりも人を優先した方がいい月。言葉には気をつけて行動を。判断力は低め。大きな買い物は控えて。崩れやすい月なので注意。
今のあなたはゆるやかな成長過程。挑戦中のことも諦めずに努力することで幸運を呼び込めます。ナチュラルな服装やメイクが魅力に。	46	ワクワクする気持ちが戻ってくる月。人からすすめられたことも積極的に試してみると、自分に合ったものに出合えるかも。迷うより行動を。

2024 6 June 再挑戦できる月

今月の開運メッセージ

充実感を得られる月。これまで苦労や努力をしてきた人ほど、報われる日々を送れます。満足や安心など、ポジティブな感覚に包まれるでしょう。また、一度は諦めたことにリベンジする機会がありそうです。めぐってきたチャンスは逃さないように、その瞬間だと感じたら思い切って行動してみてください。かつての経験を活かせるタイミングもありそうです。

今月の開運行動

1. お気に入りのものたちで心を満たすようにする
2. 旧友に連絡して懐かしい話で盛り上がってみる
3. お世話になっている人たちに感謝の気持ちを伝える

天星ナンバー別 今月のお言葉

あなたの天星ナンバーをチェック！

RED

赤（偶数年生まれ）	天星ナンバー	白（奇数年生まれ）
過去つまずいたことに再チャレンジするとうまくいきそう。経験や人脈をフル活用してみて。ラッキーパーソンは長年会っていなかった友人。	9	落ち着いて行動したい月。時間や持ち物などを丁寧に確認することでトラブルを防げます。焦らず、急がず、大きな決断は避けて、周囲に相談を。
小さな幸せを見逃さず、何事も楽しんでみて。日が経つにつれて運気は低迷していくので、欲望に負けて突っ走らないように。	15 16	ピンチをチャンスに変えられるような好調月。多少の波は気にせず、自信をもち進みましょう。大きな決断や転職、仕事で使う物を一新するのも◎。
初心に戻れる月。子供のような気持ちで、なんでもトライしてみましょう。環境の変化も今のあなたに必要なもの。前向きに受け止めて。	34 40	今月のあなたは周りに振り回されたりストレスがたまりやすく、思い通りいきにくい時期です。1人で抱え込まず人を頼り、癒しの時間を大切に。
勇気があなたを変えるとき。転職や告白、大きな買い物など、これだ！ と思ったら、自分を信じて選択を。良質な睡眠で判断力もアップ。	46	心が休養を欲しています。無理をする付き合いやSNSは控え、映画や読書を楽しんでみて。答えは急がず時間をかけて探すと◎。

2024 7 July 吉凶混ざり引きが強い月

今月の開運メッセージ

今月は、レベルアップでき、よい変化のある月です。あなたがもっている能力や培ってきたスキルが人の役に立つ場面がきたら、積極的に手を貸しましょう。力を出し切ることで、いい結果につながるはずです。また、今月は注目度も高まっている時期ですが、そのなかでも自分らしさを忘れずに。どんな状況でも気後れせず、胸を張って行動しましょう。

今月の開運行動

1. 自分の長所や魅力、個性を大切にする
2. 自分に自信をもって背筋を伸ばして歩く
3. 少々高くても、長く愛用できるものなら購入を考える

天星ナンバー別 今月のお言葉

あなたの天星ナンバーをチェック!

RED

赤（偶数年生まれ）／白（奇数年生まれ）

9

赤：引きが強いときなので、自信をもって行動するとチャンスがつかめそう。順風満帆でも謙虚な姿勢で。将来につながる自己投資も◎。

白：手土産を持参し、懐かしい場所や人を訪ねてみると運気アップ。初心を思い出し、自分が求めていることを探ってみましょう。

15 16

赤：おうち時間を充実させ、読書や勉強など自分磨きに徹すると吉。ストレスが溜まったら、大きな声で好きな曲を歌ってみて。

白：穏やかな日々が続き、ほっと一息つけそう。今までの疲れから後半はスローダウンするので、無理せず心身を労りましょう。

34 40

赤：生活を見直すタイミング。早寝早起きに切り替えるなど、よい習慣を取り入れることが幸運を呼び込みます。人との交流もあなたの刺激に。

白：運気はゆっくりと上昇へ。目先の利益ばかり追いかけずに、今はじっくり煮詰め、苦手なものほど丁寧に。初心を忘れると足をすくわれる暗示も。

46

赤：根を詰めやすい時期。今月は少し優雅な癒しが必要です。少し高価な入浴剤を使ったり、マッサージに行くなど小さな贅沢も◎。

白：今後進みたい道など、自分の気持ちがはっきりしてきそう。反面、気が大きくなりやすいので、視野が狭くならないように気をつけて。

2024 8 August 振り返ってみる月

今月の開運メッセージ

豊かな心をもつことが今月のテーマです。自分が感じたポジティブな気持ちを身近な人におすそ分けしていきましょう。感謝の気持ちをプレゼントで表すなどして相手に喜んでもらえたら、さらにいい運気に包まれそうです。買ったままの物や読みかけの本など中途半端にしているものは最後まで終わらせてみて。

今月の開運行動

1. 人が笑顔になるような行動を率先してとってみる
2. やるべきことは早め早めに終わらせる
3. 行動の前にしっかり確認する

天星ナンバー別 今月のお言葉

あなたの天星ナンバーをチェック!

RED

天星ナンバー	赤（偶数年生まれ）	白（奇数年生まれ）
9	感情的にならず、穏やかに過ごすといいとき。幸せを周りの人に分けるつもりで、つらいときこそ笑顔でいるようにしてみて。	金運が好調。楽しいことや癒されることのためにお金を使うと良い時期。たまには自分にご褒美を。人には真心を込めてみて。
15・16	心身を整える準備の時期。無理に新しいことにチャレンジせず、趣味や勉強を継続してみて。ケガやトラブルに要注意。	空回りしやすい月。メモを取る、念入りに確認する、前に出ず人の話をよく聞くといった控えめな態度でケアレスミスを防止して。
34・40	大切なものや、やりたいことを明確に伝えることが今月のテーマ。自分に向き合い、意思表示することでよい変化が。良質な睡眠で判断力アップ。	ささいな約束でも守ることを意識し、信頼を大切に。お誘いもふえてきますが、うまい話には気をつけて。なるべく時間をムダにしないように。
46	自分から動くほど運を呼び込む月。言霊《ことだま》の力も働くので、「私はできる」「幸せ！」と口に出してみて。全力を尽くせば応援も得られるはず。	やる気はあるのに体がいうことをきかない予感。これまで怠けてできなかったことにじっくり取り組むといい流れに。肌トラブルには注意。

2024 9 September 運気が低迷する月

今月の開運メッセージ

今月は、頑張りすぎないことが大切です。考えが偏りがちになるので、思い込みや決めつけは手放し、周りの意見を素直に聞くようにしてください。また、何かを判断するときは人に任せるといいでしょう。冷静さを保つには、周囲を見回して、人への感謝を忘れないこともカギになります。思いやりの気持ちを意識すると、落ち着きが出てくるはずです。

今月の開運行動

1. 迷ったら
人のためになることを選ぶ
2. 1つの作業が終わったら
確認を忘れないようにする
3. 物事は結果より
プロセスを重視する

天星ナンバー別 今月のお言葉

あなたの天星ナンバーをチェック!

RED

赤（偶数年生まれ）		白（奇数年生まれ）
焦らず、流れにゆだねるといい月。サボり心を封印して、目の前のことにコツコツ取り組んで。何があっても感謝の気持ちを忘れずに。	9	まずは物事に優先順位をつけてみて。重要なことは早めに終わらせましょう。月末は体調の変化に注意して、小さなことでも見逃さないように。
執着を手放し、心に余裕をもたせるリセットのとき。「いるもの」「いらないもの」を明確にして、スッキリと身軽になりましょう。	15 16	じっくり煮詰める準備の時期。自分より周囲を優先するイメージで過ごしましょう。冷えを感じやすいので、温かい食べ物を選んで。
自分に優しくがテーマの月。人に気を遣いすぎるより、あなたにとっての幸せを第一に考えてみて。ストレスはおしゃべりやお散歩で解消。	34 40	方向性や目標を定めるなら今月のうちに。近い未来のことを考えて具体的なステップアップをめざしてみて。何かを手放すこともありそう。
気分が変わりやすいとき。一時的な感情で動かないよう、判断する前にひと呼吸おいてみて。悩んだら、信頼できる人に相談するのがベスト。	46	プラスのエネルギーが湧いてくる月。勝ち負けや損得を考えず行動することで、周りから応援されるでしょう。より高い目標をもつと開運。

2024 10 October 八方塞がりになりやすい月

今月の開運メッセージ

乱れやすい時期。物事が急にスムーズにいかなくなり、自分のテンポがつかめなくなることがありそうです。うまくいかない状況のあなたを周囲がサポートしてくれたりして、感謝の気持ちが湧いてくるでしょう。人の優しさに触れると、どんな小さなことでもありがたく感じられるものです。素直な気持ちが今月を心穏やかに過ごすためのカギになるでしょう。

今月の開運行動

1. 完璧よりも自分のベストを尽くしてみる
2. 大切な人、ものを「守る」
3. 失敗をしても前向きにとらえ学べることを見つける

天星ナンバー別 今月のお言葉

あなたの天星ナンバーをチェック！

RED

赤（偶数年生まれ）	天星ナンバー	白（奇数年生まれ）
今の頑張りがいつか必ず報われると信じて、じっくり煮詰めるといい時期。心と体の調子を整えて、新たなスタートに備えましょう。	9	やる気はありますが、少し空回りしやすい月。予期せぬ出費は必要経費と考えて。頑張っている自分をちゃんと認めてあげましょう。
運気は緩やかに上昇しています。活力がみなぎるため、新たなことにも積極的にチャレンジできそう。失敗を恐れないで。	15 16	壊れかけたもの、ウマが合わない人など、波長の合わない縁を手放すとき。大切なものや人を選ぶ意識でリセットしてみて。
あなたのパワーが満ちる月。勝ち負けにこだわらず、純粋な気持ちで取り組むと夢の実現に近づきそう。謙虚でいるほど、運の上昇気流に。	34 40	考えることが増え、面倒くささが勝り適当になりがちな月。何事も詰め込みすぎないように。のどのケアを大切に。笑顔が幸運を呼ぶキーワード。
これまでのキャリアが輝く月。過去の経験や人脈があなたの可能性を広げてくれそう。リベンジ運もあるので、叶わなかった夢に挑んでみて。	46	周りが気になりやすい月。「人は人、自分は自分」と心得て、興味を感じたら納得いくまで追求を。不調は見逃さず、検査してみて。

2024　11　November
リセットの月

今月の開運メッセージ

大きく変化する時期です。今の自分からもう1段階ステップアップする機会に恵まれるでしょう。自分を後押ししてくれる役に立つ言葉との出合いもありそうです。年上の人の話を聞いたり、成功者の本を読んだりして、ヒントを探してみてください。また、今月は不要なものを手放すタイミングでもあります。本当に必要なものごとを見極めてください。

今月の開運行動

1. 未来を見据えて
役に立ちそうな勉強を始める
2. 部屋や水回りを念入りに掃除し
身の回りを清める
3. 人には必要以上に干渉せず
自分に集中してみる

天星ナンバー別 今月のお言葉

あなたの天星ナンバーをチェック!

RED

赤（偶数年生まれ）		白（奇数年生まれ）
感情が揺れやすいとき。爆発する前に好きなことや掃除、洗濯をしてリフレッシュを。憧れの人の言葉もモチベーションアップに。	9	面倒なことが起こっても、何事も勉強だと受け止めて。人に恩返しする気持ちで過ごしてみましょう。語学や資格の勉強を始めるのにいい月。
等身大の自分でいることが成長につながりそう。強がらず、必要以上に大きく見せようとせず、ありのままで過ごせば大丈夫。	15 16	運気は上昇中。「失敗は成功のもと」と考えて、今までためらっていた新しいことに挑戦してみて。引っ越しするのもおすすめ。
あれこれ目移りしても一時的な気持ち。目の前の大切なものを見失わないで。信頼できる人に相談し、落ち着いて行動すれば、いい流れに。	34 40	存在感が高まる月。世界に目を向けると新たな変化が生まれます。アロマなど優しい香りに身を包むと開運に。
ワンランク上の自分がテーマ。少し高めの目標を掲げて行動すると、期待以上の結果に。スキルアップのための自己投資が、理想の未来に。	46	何事も今の自分に合わないと感じたら手放すとき。去るものは追わず、今を大切に過ごすと吉。リスクを負うような挑戦は来年に。

2024 12 December 新スタートの月

今月の開運メッセージ

目標に向かって突き進みたいときです。やりたいと思っていた趣味や習い事など、どんなことでも構わないので思い切って挑戦してみてください。夢の実現のために、本腰を入れて動き出すのも◎です。運気の後押しもあって、順調に物事が運びます。また、今月はイメチェンするのにもいいタイミング。髪型や服装など、新スタイルを取り入れてみましょう。

今月の開運行動

1. ワクワクすること
やりたいことを書き出してみる
2. 人の体験談を積極的に聞く
3. 体や心にいい影響を与える
新しい習慣を始めてみる

天星ナンバー別 今月のお言葉

あなたの天星ナンバーをチェック!

RED

赤（偶数年生まれ）	天星ナンバー	白（奇数年生まれ）
ゆっくりとスタートします。新しい挑戦が開運に。古い自分を脱ぎ捨て、理想の自分をめざし新たな習慣を作ってみて。直感力がよみがえる月。	9	マイナス思考やうまくいかない人間関係をリセットし、心のスペースを作りましょう。周囲に期待せず、自分が変わる意識をもってみて。
大きな決断を迫られたら、「自分には無理だ」と感じる方を選択してみて。夢や目標は高いほどあなたを成長させてくれます。	15 16	自分が成長しているのか、少し振り返ってみましょう。自分にスポットを当てることで新たな道が見えてきます。壁にぶつかったらとにかく掃除を。
恩返しがテーマの月。特に親孝行は開運のカギ。感謝の気持ちを言葉や行動で示しましょう。ご先祖様の供養も忘れずに。	34 40	今月は家族や仲間への感謝を忘れないで。お世話になった人にはささやかなプレゼントを贈る＆自分にも購入で運気アップ。
何事も楽しむことがテーマ。日常のワクワクを集めるほどラッキーが舞い込みそう。年末は家族や仲間との時間を大切に。節約や貯金も吉。	46	自分の可能性が広がる月。ラクな道を選ぶより、あえて苦しい道を行ってみると成長のチャンスに。頑張った自分には少し贅沢なご褒美を。

MOUNTAIN RANGE

2024年
日々の
開運メッセージ

Daily Fortune Message

先々を見通してみたり
その日がどんな日なのか調べてみたり
日々の過ごし方や考え方の
参考にしてみてくださいね。

運気キーワード

KEYWORD

《 吉凶日 》

天赦日

「天が赦す日」と書くように、神様がすべての罪を赦し、障害が取り除かれる日とされています。一粒万倍日より数が少ない大吉日。結納や婚姻届の提出など、結婚にまつわることを行うのによく、新しいことを始めるのにもいい日です。

一粒万倍日

「一粒の種子が万倍にもなって実る」という意味をもち、何かを始めるのにいい日とされています。財布の新調にも最適。ただし、人からお金やものを借りると、万倍に膨らみ凶となるため注意してください。

不成就日

要注意日。何事も成就しない、悪い結果を招いてしまう日とされています。結婚、開店、起業など、新しいことを始めるのは避けた方がいい日です。

吉日と不成就日が重なる場合には、あまり新しい行動を起こさない方がベター。

《 月の満ち欠け 》

● 新月

新しいスタートを切るのにいいとき。新しいものを買うのにもいい日とされています。

◐ 上弦

新月から満月へと満ちていくとき。判断力や決断力が高まっているときで、積極的な行動を起こすのに適した日とされています。

◑ 下弦

満月から新月へと欠けていくとき。物事をリセットしたり、デトックスしたり、感情のリセットなどにも向く日とされています。

○ 満月

不要なものを手放すのにいい日とされています。

PHASES OF THE MOON

2023 11 November リセットの月

毎日の運気をチェック!

DATE			
1	Wed.		部屋やデスク回りの整理整頓でイライラが解消。
2	Thu.		行き先を相手に任せると、意外と充実した時間に。
3	Fri.		自分の気持ちを伝えると問題解決の予感。
4	Sat.		続けてきたことをやめたい気分に。冷静に考えて。
5	Sun.		周りを気にするのはやめよう。まずは自分の事に集中。
6	Mon.		進まなかった事にようやく展開が。今後に期待しよう。
7	Tue.		隣の芝生が青く見えそう。大切なものを見失わないで。
8	Wed.	不成就日	プレッシャーがストレスに。無理に動くのは NG。
9	Thu.		欲しくてもすぐに買わず、来月まで待つのがベター。
10	Fri.		長年の知り合いの存在を、ありがたく感じそうな日。
11 一の酉	Sat.	一粒万倍日	予定が変わり驚くけれど、その過程を楽しめそう。
12	Sun.	一粒万倍日	急な用事が。周りに救われて温かい気持ちに。
13	Mon.		出会いがあれば別れあり。変化は当然のこと。
14	Tue.		来月慌てないよう今から年末年始の計画を考えよう。
15	Wed.		古い物がカギ。価値ある考えや知識を得られる予感。

16	Thu.	不成就日	相手の立場になって考えると、答えが出るはず。
17	Fri.		疲れがたまりがち。十分に休息をとって回復させて。
18	Sat.		ご褒美にエステなどに行ってみると運気アップ。
19	Sun.		予定を確認して。ダブルブッキングの恐れあり。
20	Mon.		心配してくれている人に連絡を。素直にお礼を伝えて。
21	Tue.		金欠でもお金を借りると後で痛い目に遭うかも。
22	Wed.		助けてくれた人にご馳走して感謝の気持ちを示そう。
23	Thu. 二の酉	一粒万倍日	いきなり暗雲が。ネガティブになりすぎないで。
24	Fri.	一粒万倍日 不成就日	注意されて落ち込んでも、図星なら反論してはダメ。
25	Sat.		後回しにしていた支払いはすぐにケリをつけよう。
26	Sun.		手をつけられなかったことを、できるだけ進めて。
27	Mon.		周りとの連携がカギに。情報共有はしっかりと。
28	Tue.		年末年始の過ごし方を具体的に考えてみると◎。
29	Wed.		風邪を引かないよう、マスクとこまめな手洗いを。
30	Thu.		ようやく気持ちが穏やかに。先のことを考えてみて。

新月 上弦 満月 下弦

2023 12 December

毎日の運気をチェック!

新スタートの月

DATE				
1	Fri.			1日中、家で過ごすより、外出して気分転換しよう。
2	Sat.		不成就日	過去に経験したことや役割を、また体験するかも。
3	Sun.			お金に余裕があるなら、セミナーや勉強会に参加を。
4	Mon.			周りの人に年末年始の話題を振ると盛り上がりそう。
5	Tue.	◗	一粒万倍日	やるべきことが増えてきたら、みんなと協力しよう。
6	Wed.		一粒万倍日	何かと滞りがち。諦めて後日に変更するのが正解。
7	Thu.		一粒万倍日	早めに大掃除をするのもアリ。不要な物は処分!
8	Fri.		一粒万倍日	自信がなくても、興味があるならやってみて。
9	Sat.			新たな人との出会いが。今後の展開に期待しよう。
10	Sun.		不成就日	普段と違う視点で物事を見ると、意外な発見が。
11	Mon.			中途半端なことがあるなら年内に片づけてしまおう。
12	Tue.			ようやく気持ちに余裕が。笑顔で過ごせそうな日。
13	Wed.	●		飲みすぎに注意。はしゃいで無礼にならないように。
14	Thu.			プレゼントを渡すなら準備を。相手の喜ぶ顔を想像して。
15	Fri.			出費が増えても、将来に役立つことならOK。

16 Sat.		気になっていることがあれば今日解決しておこう。
17 Sun.	不成就日	人のフォローに追われてもイライラをぶつけないで。
18 Mon.		自分の時間を削ったとしても、その努力に評価が。
19 Tue.	一粒万倍日	余計なことを考えがち。気持ちにメリハリをつけよう。
20 Wed.	一粒万倍日	普段と違うことをしよう。マンネリを避けられそう。
21 Thu.		頼まれごとが重なって、動き回る日になりそう。
22 Fri. 冬至		気持ちが緩んで、ダラダラしないように注意して。
23 Sat.		やるべきことをやっているなら責めるのはやめよう。
24 Sun.		大切な人と語らえば、成長のヒントがつかめるかも。
25 Mon.	不成就日	安いからといって大量に購入すると後悔しそう。
26 Tue.		友達と食事へ。近況報告して楽しいひとときに。
27 Wed.		今年の成果が見えそうな日。もっと上をめざせそう。
28 Thu.		達成感あり。来年はさらに運気がよくなるので期待!
29 Fri.		家で過ごす方がよさそう。年上の人に合わせて。
30 Sat.		指摘されても反論はNG。悔しさをバネに成長を。
31 Sun. 大晦日	一粒万倍日	来年の目標を具体的に考えるとやる気が湧きそう!

新月 上弦 満月 下弦

2024　1 January

毎日の運気をチェック!

物事を見直す月

DATE			
1	Mon. 元日	天赦日 一粒万倍日	今年やりたいことが浮かびそう。計画を立てて。
2	Tue.	不成就日	体調を崩しやすい日。出かけるより家でゆっくり。
3	Wed.		初めて会う人でも、ピンと来たら声をかけてみよう。
4	Thu.		胃腸に疲れが出てきそう。食事は消化にいいものを。
5	Fri.		頑張りが報われる日。自分の力が発揮できそう。
6	Sat.		判断力が鈍り気味。何かを決めるなら別の日に。
7	Sun. 七草		縁をつなげられる日。積極的に人と交流しよう。
8	Mon.		注目を集めそう。笑顔を意識してさらに魅力アップ。
9	Tue.		うれしい言葉をもらえたら、周囲の人にも感謝を。
10	Wed.	不成就日	誠心誠意対応し、問題を乗り越えるよう努力をして。
11	Thu.		頼られても、無理なことはきっぱり断る勇気が大切。
12	Fri.		イライラしたら 3 回深呼吸。言葉は慎重に選んで。
13	Sat.	一粒万倍日	好奇心が刺激されたら、積極的に動いてみよう。
14	Sun.		急がば回れ。立ち止まって、物事を見直してみて。
15	Mon.		迷うなら、直感を信じてピンと来た方を選んで OK。

16	Tue.	一粒万倍日 不成就日	体のメンテナンスが必要かも。睡眠はたっぷりと。
17	Wed.		デートに最適。話題の映画を見に行ってみよう。
18	Thu.	◐	注目されているかも。身だしなみに気をつけて。
19	Fri.		懐かしい人との再会。いい縁につながる可能性も。
20	Sat.		家族や友達とワンランク上のお店でプチ贅沢が◎。
21	Sun.		穏やかに過ごせる日。夜は早めの帰宅が安心かも。
22	Mon.		トラブルの予感。事前チェックをきちんとしよう。
23	Tue.		やる気が出ないかも。動き回らず静かに過ごして。
24	Wed.	不成就日	判断ミスをしやすい日。大事な物を捨てないように。
25	Thu.	一粒万倍日	新しい出会いに期待できそう。身近な人が仲介役に。
26	Fri.	○	やりたいことがあるなら、今日は準備に費やすべき。
27	Sat.		頭が冴えるとき。今後の目標を立てるといいかも。
28	Sun.	一粒万倍日	好きなものに触れることで自分を癒してあげよう。
29	Mon.		夢や願いを口に出すと、やる気が湧いてきそう。
30	Tue.		ほかのことに目移りしそう。自分をしっかりもって。
31	Wed.		悩んだら、過去の経験のなかに解決策があるかも。

●新月 ◐上弦 ○満月 ◑下弦

毎日の運気をチェック!

2024 2 February

決断する月

DATE			
1	Thu.	不成就日	自分ではなく、周囲の人を優先すると平穏な1日に。
2	Fri.		やり残したことを今日中に片づけられるよう意識して。
3 節分	Sat.		自慢話は控えて。今日は聞き役に回るのがよさそう。
4	Sun.		自分のことは自分で。人に期待しすぎないように。
5	Mon.		リセットのとき。離れていくものに執着しないこと。
6	Tue.		何かを始めるには最適。失敗を恐れず挑戦してみて。
7	Wed.	一粒万倍日	これまで進めていたことを見直し、改善すると◎。
8	Thu.		先延ばしにしていたことは今日中に決断を。
9	Fri.	不成就日	心身ともに疲れ気味。無理せず早めに体を休めて。
10	Sat.		運気は好調。好きな人に思い切ってアプローチを。
11	Sun.		甘い誘いが増えそう。調子にのりすぎないように。
12	Mon.	一粒万倍日 不成就日	懐かしい人や物に巡り合いそう。思い出に浸って。
13	Tue.		日頃の感謝を込めて同僚にちょっとした差し入れを。
14	Wed.		バレンタインは穏やかな雰囲気を意識してみて。
15	Thu.		予定通りに進みにくい日。臨機応変に対応を。

16	Fri.		ひとりよがりは×。周囲の意見に耳を傾けるように。
17	Sat.		過去を手放すとき。昔のデータは思い切って一掃。
18	Sun.		いろいろなジャンルの情報にアンテナを張ると吉。
19	Mon.	一粒万倍日	集まりには参加を。成長のきっかけがありそう。
20	Tue.	不成就日	今後の目標や叶えたいことを書き出してみよう。
21	Wed.		体力回復に努めたい日。栄養のバランスを見直して。
22	Thu.		今までの努力が報われたなら、もっと上をめざそう。
23	Fri.		無駄遣いに注意。本当に必要なものか考えてみて。
24	Sat.	一粒万倍日	うれしい人に会える予感。チャンスをつかもう!
25	Sun.		金運が上昇。今後長く使う物を買うといいかも。
26	Mon.		やるべきことに集中することで、穏やかな１日に。
27	Tue.		周囲に振り回されるかも。深入りせず、受け流して。
28	Wed.	不成就日	大変なことがあっても今は耐えて。謙虚さを大切に。
29	Thu.		縁が切れやすい日。大事な人には誠実な態度で。

新月 上弦 満月 下弦

2024　3　March

毎日の運気をチェック!

メンテナンスの月

DATE			
1	Fri.		気になることがあるなら、アクションを起こそう。
2	Sat.	一粒万倍日	新しいことに着手するより、今の課題を見直してみて。
3 ひな祭り	Sun.		決断力を発揮できる日。思い切って踏み出そう。
4	Mon.		空を見上げたり自然に触れて、息抜きをすると◎。
5	Tue.		体のためにいいものを取り入れると運気アップ。
6	Wed.		気持ちが浮つきそう。うっかりミスに気をつけて。
7	Thu.	不成就日	懐かしい人から連絡があるかも。近況を報告し合おう。
8	Fri.		引きが強いとき。自信をもって行動すると開運に。
9	Sat.		家族や大切な人に、感謝の気持ちを伝えよう。
10	Sun.	一粒万倍日	気持ちが落ち着かないときこそ、冷静さを大切に。
11	Mon.	不成就日	見切り発車せず、周囲の反応をしっかりと見よう。
12	Tue.		親しい友達と話すと、悩みが晴れてすっきりしそう。
13	Wed.		アイデアが浮かんだら、今は温めておくのが賢明。
14	Thu.		頑張りすぎると息切れしそう。ゆっくりでも確実に。
15	Fri.	天赦日 一粒万倍日	友達を誘ってお花見の計画を立ててみると◎。

16	Sat.		メンタルダウンに注意。湯船に浸かってリラックスを。
17	Sun.		美しい自然に触れて、エネルギーをチャージして開運。
18	Mon.		気持ちが伝わっていないかも。駆け引きせず素直に。
19	Tue.	不成就日	今の幸せを感じて、笑顔を絶やさないようにしよう。
20	Wed.		堂々と自分らしくいれば、異性から注目の的に！
21	Thu.		差し入れでいい雰囲気作り。周囲に気を配ってみて。
22	Fri.	一粒万倍日	責任感をもって行動を。信頼度もアップするはず。
23	Sat.		冷静さがカギ。イラッときたら深呼吸をしよう。
24	Sun.		時間ギリギリの行動はトラブルに。早めに動いて。
25	Mon.		疑問だったことがやっと解消されて、すっきりしそう。
26	Tue.		次に進むために心の準備を。体調も整えておこう。
27	Wed.	一粒万倍日 不成就日	自分の軸を定めて、人の意見に振り回されないこと。
28	Thu.		無理をすると気持ちまでダウン。休むことも仕事！
29	Fri.		運に味方される日。自分の意見はどんどん伝えよう。
30	Sat.		気持ちが揺れ動きそう。目の前のことだけ考えて。
31	Sun.		一度挫折したことに再挑戦。今ならうまくいきそう。

新月　上弦　満月　下弦

毎日の運気をチェック!

2024 4 April 努力が報われる月

DATE				
1	Mon.			うれしいことがありそうな予感。素直に受け入れて。
2	Tue.	◗		今日は早めに帰宅して、大切な人と穏やかな時間を。
3	Wed.		一粒万倍日	相手への配慮を心がけたい日。言葉選びがカギ。
4	Thu.		不成就日	自分の意見より周りの助言に従った方がいい結果に。
5	Fri.			判断力が鈍りやすい日。余計な詮索はしないこと。
6	Sat.		一粒万倍日	いい出会いがありそう。気になる人には声をかけて。
7	Sun.			周りが慌ただしくても、今日はマイペースでOK。
8	Mon.			物事を見直すタイミング。一度立ち止まることが吉。
9	Tue.	●	一粒万倍日 不成就日	ストレスがたまりそう。適度な息抜きを心がけて。
10	Wed.			集中力がアップ。自分のペースで進められそう。
11	Thu.			優柔不断になってしまうかも。大事な判断は後日に。
12	Fri.			困ったときは、今まで培ってきた人脈に頼ってみて。
13	Sat.			出かけた先でプチセレブ感を味わってみると◎。
14	Sun.			望みが叶いそう。喜びは周囲の人と分かち合って。
15	Mon.			思い通りにならなくても、広い心で受け止めよう。

16	Tue.	◐		人の意見から学ぶことも。成長のきっかけにして。
17	Wed.		不成就日	体が重く感じたら、散歩や軽い運動でリセットを。
18	Thu.		一粒万倍日	人から薦められた情報をどんどん取り入れてみて。
19	Fri.			直感に従って OK。役立つ情報を得られるかも。
20	Sat.			連休の計画を立てて。ピンと来たものは予約を。
21	Sun.		一粒万倍日	上手にストレスを解消して、心身をメンテナンス。
22	Mon.			頭が冴えそう。クリエイティブな能力を存分に発揮！
23	Tue.			ほめられたときほど浮かれず、謙虚さを忘れないで。
24	Wed.	○		日常の見慣れた景色のなかに思わぬ発見があるかも。
25	Thu.		不成就日	ちょっと高い目標を設定すると、やる気も湧きそう。
26	Fri.			早起きで運を味方に。夜は早めに切り上げると吉。
27	Sat.			欲を出すと後悔しそう。契約や買い物は控えて。
28	Sun.			落ち込んだときは友達が支えに。素直に甘えよう。
29	Mon.			判断ミスをしやすい日。落ち着いて考えれば大丈夫。
30	Tue.		一粒万倍日	たくさんの人と交流を。いい縁につながる出会いも。

● 新月 ◐ 上弦 ○ 満月 ◑ 下弦

2024 5 May

毎日の運気をチェック!

誘惑が多い月

DATE			
1	Wed.		自分のことに集中したいなら、まずは環境を整えて。
2	Thu.		勘が働く日。「これだ」と思ったら行動を起こそう。
3	Fri.	一粒万倍日 不成就日	疲れが出そう。早めに帰宅して、たっぷり睡眠を。
4	Sat.		肩の力を抜き、自然体でいるほど魅力が輝く日。
5	Sun. 端午の節句		着る服に迷いそう。事前に準備しておくといいかも。
6	Mon.		懐かしい仲間から連絡が。刺激になる話ができそう。
7	Tue.		連休明けでやる気も十分。自分から動いてOK！
8	Wed.		気になる問題があるなら、今日中に解決しておこう。
9	Thu.		噂は不確かなもの。簡単に信じず、しっかり調べて。
10	Fri.		機械の故障などトラブルの予感。焦ったら深呼吸。
11	Sat.	不成就日	先入観にとらわれず、視野を広くもっておいて。
12	Sun.		情報に敏感になると、アイデアのヒントを発見。
13	Mon.		体調を崩しやすいとき。食生活を見直してみよう。
14	Tue.		思いついたら即行動。失敗をこわがらないでOK。
15	Wed.	一粒万倍日	体調管理を最優先。不調を感じたら病院に行くこと。

16	Thu.	一粒万倍日	幸せな言葉を口に出すと運気がさらに上昇するはず。
17	Fri.		発言はよく考えてから。勢いで行動しないように。
18	Sat.		仲直りのチャンス。素直に謝って関係の改善を。
19	Sun.	不成就日	明日から頑張るため、おいしいもので自分にご褒美。
20	Mon.		家族や同僚など、身近な人に感謝の気持ちを伝えて。
21	Tue.		迷いが生じるかも。必ず解決するので焦らないこと。
22	Wed.		自分らしくないミスをしそう。落ち着いて確認を。
23	Thu.	○	泣いてすっきりすることも。気持ちをリセットしよう。
24	Fri.		控えめな態度で好感度アップ。受け答えは丁寧に。
25	Sat.		プライベートのつながりを大事にするといい日。
26	Sun.		自分の軸をしっかりもって、やりたいことを明確に。
27	Mon.	一粒万倍日 不成就日	不安を抱いても、相手を責めず信じることが大事。
28	Tue.	一粒万倍日	うれしい出来事がある予感。喜びは分かち合うと吉。
29	Wed.		知らぬ間に無駄遣い。家計簿でお金を管理しよう。
30	Thu.	天赦日	粘り勝ちできそうな日。諦めない気持ちが大切！
31	Fri.	◗	引きの強さを発揮できるとき。万全の準備で挑んで。

● 新月 ◖ 上弦 ○ 満月 ◗ 下弦

2024 6 June
毎日の運気をチェック!

再挑戦できる月

DATE			
1	Sat.		午前中は行動力を発揮。夜は家でゆっくり過ごそう。
2	Sun.		厳しい指摘は、相手が心配してくれている証拠。
3	Mon.		強気な態度はNG。今日は周りに従って支える側に。
4	Tue.	不成就日	やる気が出ないときは、デスク周りの整理整頓を。
5	Wed.		変化が開運のカギ。よく使う物を新調してみよう。
6	Thu.	●	毎日のルーティンを改めて見直してみるといい日。
7	Fri.		目標を定めたら、具体的な計画を立てて動き出そう。
8	Sat.		不調が出やすいとき。体を冷やさないよう心がけて。
9	Sun.		やりたいことや夢は、積極的に言葉にすると叶うかも。
10	Mon.	一粒万倍日 不成就日	急な用事が入るかも。何事も早め早めに動いておこう。
11	Tue.	一粒万倍日	縁のある人が集まる運気。誘いには積極的に参加を。
12	Wed.		思い通りに物事が進む予感。自分のペースでOK。
13	Thu.		あなたの実力が評価されそう。次の目標をめざして。
14	Fri.	◐	食生活が乱れると運も低下。バランスのいい食事を。
15	Sat.		自分より人の気持ちを大切にするとトラブル回避。

16 Sun.		人に期待しすぎると落ち込む予感。柔軟に考えよう。
17 Mon.		考えるよりまず行動。思った以上にうまくいくかも。
18 Tue.	不成就日	ときには立ち止まることも必要。少し休憩すること。
19 Wed.		放置してしまっていることに、決着をつける日に。
20 Thu.		ストレス過多かも。アロマ入りのお風呂で癒されて。
21 Fri.		これまでの頑張りが実を結んで、注目度アップ！
22 Sat. ○	一粒万倍日	手抜きは駄目。いつも以上に丁寧なやり方を。
23 Sun.	一粒万倍日	懐かしい人から連絡が。関係が復活する可能性も。
24 Mon.		注目が集まるとき。清潔感のある服装でさらに開運。
25 Tue.		周囲の人たちの支えを思い出し、感謝を伝えよう。
26 Wed.	不成就日	今日は相手の意見を聞き入れ、流れに任せるのが吉。
27 Thu.		尽くしても見返りを求めずに。相手のために行動を。
28 Fri.		本音で話し合えたのなら、お互い譲ることも大事。
29 Sat. ◑		自分のスタイルを見直そう。新発見があるかも。
30 Sun. 夏越の祓		苦手なことでもやり切ると、ぐっと成長できるはず。

● 新月 ◐ 上弦 ○ 満月 ◑ 下弦

毎日の運気をチェック!

2024 7 July
吉凶混ざり引きが強い月

DATE			
1	Mon.		決断の日。直感に従い、悩んでいることに答えを。
2	Tue.		思考が冴えないときは、自然に触れてリフレッシュ。
3	Wed.		想像力を発揮して、独自のアイデアで勝負できそう。
4	Thu.	一粒万倍日 不成就日	親しい間柄の人ほど甘えは禁物。礼儀を意識して。
5	Fri.	一粒万倍日	以前できなかったことも、やり直せば成功の可能性が。
6	Sat.	●	臨時収入があるかも。欲しかった物を買ってOK！
7 七夕	Sun.		七夕は大切な人たちと食卓を囲んで、幸せな時間を。
8	Mon.	一粒万倍日	嫌なことがあっても、笑顔で流せる大人でいよう。
9	Tue.		ストレスで肌荒れしてるかも！ しっかり睡眠をとろう。
10	Wed.		物事が進まないなら、今はリセットのタイミング。
11	Thu.	不成就日	慣れない仕事を頼まれたら成長のチャンスと思って。
12	Fri.		夏バテ気味かも。栄養のあるものを食べて元気回復。
13	Sat.		好きな人がいるなら、思い切って告白してみると◎。
14	Sun.	◐	休日だからとダラダラしすぎると余計に疲れそう。
15	Mon.		キーパーソンになれる日。思ったことは伝えてみて。

16	Tue.		誘惑が多いので、あれこれ欲張らないようにしよう。
17	Wed.	一粒万倍日	懐かしい人に連絡してみると、うれしい展開の予感。
18	Thu.		普段よりワンランク上のランチでプチ贅沢を。
19	Fri.	不成就日	気になることは今日中にやろう。連絡事も忘れずに。
20	Sat.	一粒万倍日	予想外の出来事があっても、流れに身を委ねてOK。
21	Sun.		無駄遣いに注意。買う前に本当に必要な物か考えて。
22	Mon.		曖昧な態度はトラブルのもと。強い意志を大切に。
23	Tue.		自分の力を試したくなる日。どんどん挑戦して。
24	Wed.		見た目で決めつけず、まずは話してみて判断しよう。
25	Thu.		周りの意見を聞いたうえで、ベストな選択を。
26	Fri.		こまめにニュースをチェックして、役立つ情報を入手。
27	Sat.	不成就日	楽しみは自分で作り出すもの。喜びを見つけてみて。
28	Sun.		ストレスがたまっていても、暴飲暴食はしないで。
29	Mon.	天赦日 一粒万倍日	叶えたかった夢に、もう一度チャレンジしてみよう。
30	Tue.		自分のためにお金を使うと、のちのち花開くはず。
31	Wed.		急に仕事を振られてもうまくこなして評価アップ。

新月 上弦 満月 下弦

毎日の運気をチェック!

2024 8 August 振り返ってみる月

DATE			
1	Thu.	一粒万倍日	人のために動こう。頼まれたら快く引き受けて。
2	Fri.		感情的にならず、余計なことは受け流してOK。
3	Sat.		うまくいかなくても焦らないで。落ち着いて行動を。
4	Sun.	●	情報収集力を発揮して、新しいお店を探してみて。
5	Mon.		早起きして用事を終わらせ、心に余裕を作ろう。
6	Tue.	不成就日	やるべきことを整理。時間を上手に使うこと。
7	Wed.		体調を優先し病院へ行くのを後回しにしないで。
8	Thu.		何事も楽しみながら取り組むと、幸運をつかめそう。
9	Fri.		人の意見に左右されそう。自分の意思をもって。
10	Sat.		自分の悪い癖が出るかも。今日を機にあらためよう。
11	Sun.	一粒万倍日	夏休みは家族や大切な人との時間を大切にして。
12	Mon.	天赦日	早起きして思い切り遊ぼう。夜は早めに休むと◎。
13	Tue.	◐	人任せにせず、自分でできることは自分でやろう。
14	Wed.	不成就日	振り回されてイライラ。深呼吸してクールダウンを。
15	Thu.		ミスをしても素早く対処すれば大丈夫。

16 Fri.		一粒万倍日	何事にも興味が湧いて、ワクワクした1日に。
17 Sat.			些細なことでも「うれしい」を見つけてみよう。
18 Sun.			いつもとは違う自分を演出。変化を楽しんでみて。
19 Mon.			栄養のバランスを意識した食事でパワーチャージ。
20 Tue.	○		頑固になるといい運を逃しそう。何事にも柔軟に。
21 Wed.			勢いで行動しないこと。大事な話はよく考えてから。
22 Thu.		不成就日	思い出の品物が出てきて、当時がよみがえりそう。
23 Fri.		一粒万倍日	ないものを望むより、今ある幸せに感謝したい日。
24 Sat.			大好きな人に感謝しながら、心穏やかに過ごせそう。
25 Sun.			失敗しても素直に認めて謝れば、トラブル回避。
26 Mon.	◑		人は人。何を言われても深刻に考えすぎないで。
27 Tue.			気まずい関係でも、相手に本音を伝えれば仲直り。
28 Wed.		一粒万倍日	自分の殻を破って、初めての人にも話しかけてみて。
29 Thu.			相手に譲る気持ちをもつと、心に余裕が生まれそう。
30 Fri.		不成就日	自分で決めて行動することで気づくことがあるかも。
31 Sat.			夏の疲れがたまっているかも。おしゃれをして気分転換を。

● 新月 ◐ 上弦 ○ 満月 ◑ 下弦

2024 9 September

毎日の運気をチェック!

運気が低迷する月

DATE			
1	Sun.		苦手なことも楽しんでみると、好感度がアップ。
2	Mon.		ぼんやりしそう。大事な話は忘れないようメモをして。
3	Tue.		年上の人の話に耳を傾けて。学ぶことも多いはず。
4	Wed.	一粒万倍日 不成就日	見栄を張って浪費しないように、お金の管理を。
5	Thu.		つらいことでも見方を変えると面白い発見があるはず。
6	Fri.		上辺だけ取り繕うのは×。真摯な態度で取り組んで。
7	Sat.		問題から逃げずに、誠実に向き合うことが大事。
8	Sun.		去る者は追わず。執着は手放して、未来を見よう。
9	Mon. 重陽の節句		苦手なことでも任されたら、チャレンジしてみて。
10	Tue.		自分の欠点を見直すことで、開運につながる日。
11	Wed.		今後の目標が決まったら、やるべきことを整理して。
12	Thu.	一粒万倍日 不成就日	長く不調が続くなら、病院で診察を受けた方が◎。
13	Fri.		よくも悪くも目立ちそう。謙虚な姿勢を心がけて。
14	Sat.		連休で気持ちがふわふわ。ハメを外しすぎないこと。
15	Sun.		懐かしい人と思いがけず再会。心満たされる1日に。

16	Mon.		気づかない間に課金などしていないか確認を。
17 中秋の名月	Tue.	一粒万倍日	自分のことより、周囲が喜ぶことを考えて動こう。
18	Wed.		すれ違いがあるかも。相手の状況を思いやって。
19	Thu.		失敗しても、もっとよくなるチャンスととらえよう。
20	Fri.	不成就日	相手が気持ちよく話せるよう、聞き上手になって。
21	Sat.		連休初日は話題の場所に出かけて好奇心を満たそう。
22	Sun.		ひとりの時間を作って、今の自分を見直してみて。
23	Mon.		くじけそうになったら、理想の未来を思い描こう。
24	Tue.	一粒万倍日	心身のメンテナンスのとき。好きな香りで癒されて。
25	Wed.		好調だと感じていても、おごらず真摯に対応しよう。
26	Thu.		優柔不断がトラブルのもと。自分をしっかりもつこと。
27	Fri.		悪い習慣に戻らないよう、いま一度気を引き締めて。
28	Sat.	不成就日	お金のことは自分で判断せず信用できる人に相談を。
29	Sun.	一粒万倍日	親しい相手ほど、感謝は言葉にして伝えよう。
30	Mon.		わかったフリをせず、詳しい人に頼るのが賢明。

新月 上弦 満月 下弦

毎日の運気をチェック!

2024 10 October 八方塞がりになりやすい月

DATE			
1 Tue.			苦労のなかに自分を成長させる機会があるはず。
2 Wed.			運転はいつも以上に慎重に。焦らなければ大丈夫。
3 Thu.	●	不成就日	情報は人に伝える前に自分で確かめた方がよさそう。
4 Fri.			難しく感じても、仲間がいれば乗り越えられるはず。
5 Sat.			運動の秋。動画を参考にトレーニングで体作りを。
6 Sun.		一粒万倍日	免疫力アップと体質改善を意識して過ごそう。
7 Mon.			好調なときほど、人が嫌がることも買って出よう。
8 Tue.			ぼんやりしやすい日。足元に気を配り、ケガを回避。
9 Wed.		一粒万倍日	失敗は軽く流さず、学ぼうとする気持ちを大切に。
10 Thu.			お祝い事など、必要な出費はケチらないこと。
11 Fri.	◐	天赦日 不成就日	早め早めの行動が◎。夜はゆっくり体を休ませて。
12 Sat.		一粒万倍日	ミスをしたら素直に謝罪と反省を。次に活かそう。
13 Sun.			予定が崩れても、流れに身を委ねた方がいい結果に。
14 Mon.			先回りするより、何か頼まれたら動くくらいで OK。
15 Tue.			いつもと違う服装や髪型で、イメージチェンジを。

16	Wed.		体調を崩したら、無理せず休むのも仕事と考えて。
17	Thu.		「これだ」と思ったら、じっくり取り組んでみよう。
18	Fri.		疲労回復には、好きな入浴剤でゆっくりバスタイム。
19	Sat.	不成就日	相談を受けたら相手の気持ちに寄り添ってあげよう。
20	Sun.		今日は誘いにはのらず、大切な人のそばにいよう。
21	Mon.	一粒万倍日	チャンス到来。信頼関係を誠実に築くことで開運。
22	Tue.		冬服を新調する前に、クローゼットを整理しよう。
23	Wed.		大変なときは助けを求めてOK。いつか恩返しを。
24	Thu.	一粒万倍日	完璧にやり遂げることより、心の余裕が大切な日。
25	Fri.		両親から教わったことが、今のあなたを救うことも。
26	Sat.		自分にとって不要な物は、今日を機に処分しても。
27	Sun.	不成就日	苦手な人とも穏やかに話せる自分をイメージして。
28	Mon.		物事を見直すタイミング。立ち止まることも必要。
29	Tue.		今から来年の目標を決めておくと、やる気が湧きそう。
30	Wed.		急がば回れ。無理に進めるより、ゆっくりでも丁寧に。
31	Thu.		やりたいことがあるなら、本で知識を増やしておこう。

新月 上弦 満月 下弦

毎日の運気をチェック!

2024 11 November リセットの月

DATE			
1	Fri.		誘惑が多い日。あれもこれもと欲を出さないように。
2	Sat.	一粒万倍日	懐かしい友達と思い出話を。リフレッシュできそう。
3	Sun.		連休は家族や大切な人と、プチ贅沢を楽しむと◎。
4	Mon.	不成就日	たまには誰かとじっくり話してみることも大事かも。
5 一の酉	Tue.	一粒万倍日	コミュニケーションで誤解があっても、受け流そう。
6	Wed.		相手の意見に耳を傾け、従うことでトラブル回避。
7	Thu.		変化の予感。気になっていた問題が解消されそう。
8	Fri.		頭がクリアになるかも。自分からどんどん動いて。
9	Sat.		年末に向けて体調を整えて。ダラダラはやめよう。
10	Sun.		思い立ったら吉日。行きたい場所に出かけてみて。
11	Mon.		風邪をひかないように、予防策はしっかりとしよう。
12	Tue.	不成就日	前向きな言葉を意識して使うと、未来にいい影響が。
13	Wed.		うっかりしやすい日。忘れ物をしないよう確認を。
14	Thu.		今までの経験を活かせば、スムーズに進められそう。
15	Fri.		頑張った自分には、スイーツでプチ贅沢も◎。

16	Sat.		手作りのご馳走で家族や仲間と穏やかな時間を。
17 二の酉	Sun.	一粒万倍日	出かけるなら、時間に余裕をもっておくと安心かも。
18	Mon.	一粒万倍日	日常のささやかな幸せを見つけてみるといい日。
19	Tue.		普段はやらないところを掃除すると運気アップ。
20	Wed.	不成就日	新しいことに挑戦したい気持ちは大切に育てよう。
21	Thu.		現状を変えたいなら、見直してみることが大事かも。
22	Fri.		やるべきことを整理して、計画的に動いてみよう。
23	Sat.		早めの体調管理が、年末年始を乗り切るカギに。
24	Sun.		運気は徐々に上昇中。あなたの魅力も輝きそう。
25	Mon.		集中力が切れやすい日。数字のミスに気をつけて。
26	Tue.		考えすぎているかも。手放すことでトラブル回避。
27	Wed.		自信をもって行動すれば、チャンスをつかめそう。
28	Thu.	不成就日	誠実な対応で信頼度アップ。いい縁につながるかも。
29 三の酉	Fri.	一粒万倍日	親しい間柄の人にも、丁寧な言動を心がけよう。
30	Sat.	一粒万倍日	周りは気にせず、好きなことにじっくり集中を。

新月 上弦 満月 下弦

2024 12 December 新スタートの月

毎日の運気をチェック!

DATE			
1	Sun.		来年のためにも、気になっていることは早めに解決を。
2	Mon.		思い切って相談すれば、相手は力になってくれそう。
3	Tue.		小さなことから見直してみよう。気づきがあるはず。
4	Wed.		年末年始は忙しくなりそう。計画をしっかり立てて。
5	Thu.	不成就日	今日の忘年会のお誘いはパスした方が賢明かも。
6	Fri.		大抜擢されそう。冷静でいることで力を発揮!
7	Sat.		本当に大事なものを見極めよう。誘惑は断ち切って。
8	Sun.		ライバルに負けても諦めず、再度挑む準備を。
9	Mon.		ヘアアレンジをいつもと変えてみると好評かも。
10	Tue.		1人でいるより、仲間との時間を楽しむと開運に。
11	Wed.		嫉妬されていても気にしないことが何より大事。
12	Thu.		甘い言葉には注意。違和感を覚えたら断ってOK。
13	Fri.	一粒万倍日 不成就日	うまく言葉にできないことが。落ち着いて整理して。
14	Sat.	一粒万倍日	周りに言えなかったことを、打ち明けてもいいかも。
15	Sun.		歴史あるものに興味が。学んでみるとハマりそう。

16	Mon.		優柔不断な態度はあらため、1つに決めよう。
17	Tue.		体を冷やさないよう、しっかりと防寒して外出を。
18	Wed.		勉強をしてきたのなら、その成果を発揮できそう。
19	Thu.		急な依頼でも、手を抜かずに真摯に対応しよう。
20	Fri.		短い時間でも、いいプレゼントを発見できる予感。
21 冬至	Sat.	不成就日	自宅でのんびり、自分らしく過ごせばいい日に。
22	Sun.		今年を振り返り、やり残したことがないかチェック。
23	Mon.	◑	優しくされると浮つきがち。自分を見失わないで。
24	Tue.		人のために動いて、クリスマスイブを盛り上げよう。
25	Wed.	一粒万倍日	予想外の出費があるかも。金額はしっかりと確認を。
26	Thu.	天赦日 一粒万倍日	最近知り合った人に連絡を。縁をつないでおこう。
27	Fri.		突然のお誘いの予感。短時間なら参加しても。
28	Sat.		年末の買い物へ。本当に欲しいものだけ購入して。
29	Sun.	不成就日	1年の疲れが出るかも。しっかりと休養をとろう。
30	Mon.		来年の目標を立てたら、年末休みを満喫してOK！
31 大晦日	Tue.	●	親しい人と、リラックスして大晦日を過ごそう。

● 新月 ◐ 上弦 ○ 満月 ◑ 下弦

OTHER PROFILE

他の天星の
プロフィール

天星は全部で12タイプ。
自分以外の天星についても知って、
人付き合いに役立ててくださいね。

Profile

載っていること

基本性格

各天星のトリセツ

2024年の開運のカギ

開運色・アイテム・スポット

2024年の開運相性

その星から見た基本の相性

柔らかな愛と
“繊細な光のエネルギー”をもつ

月グループ

バランス感覚と
“自然な光のエネルギー”をもつ

地球グループ

秘めたパワーと
“情熱の光のエネルギー”をもつ

太陽グループ

満月

情にあふれたロマンチスト

基本性格

想像力が豊かで温かい心をもったロマンチストな反面、冷静で現実主義的に考える面ももち合わせているタイプ。周囲の人を気遣い、困っている人を放っておけない優しさがあるため、知らないうちに気疲れしてしまいがちです。安心してのんびりできる居場所を用意して、自分を癒すことも大切に。

満月のトリセツ

⬆好きなこと・喜ぶこと

- 温泉にゆったり浸かる
- サプライズ（する、される）
- 喜んでくれる人、素直な人
- 好きなだけ寝ること
- 趣味や遊びの共有
- 優しい言葉をかけられる

⬇嫌がること・ストレスになること

- 余裕がない状況
- 不安や心配を抱え込む
- 競争、戦い
- 無視や仲間はずれ
- 威圧的な態度
- 否定的な人、無神経な人

2024年の開運のカギ

やるといいこと	生活に運動や筋トレを取り入れる
気をつけるべきこと	オン・オフの切り替え、自律神経を整える

2024年の開運相性

恋愛運を上げる天星	仕事運をのばす天星	金運をのばす天星
満月 × 上弦の月	満月 × 満月	満月 × 夕焼け

基本の開運色
紫

2024年の開運色
ミントグリーン

2024年の開運アイテム
手帳型スマホケース

2024年の開運スポット
フラワーパーク

天星タイプ別 基本の相性

満月 × 満月 ★★★★★	満月 × 大陸 ★★★☆☆
満月 × 上弦の月 ★★★★★	満月 × 海 ★☆☆☆☆
満月 × 下弦の月 ★★★★☆	満月 × 朝日 ★★☆☆☆
満月 × 新月 ★★★★☆	満月 × 真昼 ★★★★☆
満月 × 空 ★★★☆☆	満月 × 夕焼け ★★★★☆
満月 × 山脈 ★★★☆☆	満月 × 深夜 ★☆☆☆☆

★上弦の月★

無邪気で警戒心の強い癒し系

基本性格

美的感覚が鋭く、慎重そうに見えて直感型のタイプ。警戒心は強いですが根が純粋なので、いい人だなと感じるとすぐ信じてしまうことも。仲がいいと無意識のうちにわがままになりやすく、愛が感じられないと不安定になる一面も。自分を認めてくれ、安らぎをくれる人といることが開運につながります。

上弦の月のトリセツ

⬆好きなこと・喜ぶこと

- 好きな人と過ごすこと
- 優しく気遣われること
- お姫様、王子様扱い
- 安心できる場所や人
- すぐ返信、すぐ対応
- 親しい人との飲み

⬇嫌がること・ストレスになること

- 放置される、既読スルー
- 頑張りを評価されないこと
- 人と比べられること
- 突然のお誘い
- アウェイな場所
- 思い通りにいかない環境

2024年の開運のカギ

やるといいこと	好きなことに没頭する
気をつけるべきこと	胃の不調。休息をしっかりとる

2024年の開運相性

恋愛運を上げる天星	仕事運をのばす天星	金運をのばす天星
上弦の月 × **満月**	上弦の月 × **真昼**	上弦の月 × **空**

基本の開運色	2024年の開運色	2024年の開運アイテム	2024年の開運スポット
白	**トマトレッド**	**パワーストーン**	**水がキレイな場所**

天星タイプ別 基本の相性

上弦の月 × 満月 ★★★★★	上弦の月 × 大陸 ★★★☆☆
上弦の月 × 上弦の月 ★★★★☆	上弦の月 × 海 ★★★★☆
上弦の月 × 下弦の月 ★☆☆☆☆	上弦の月 × 朝日 ★★★★☆
上弦の月 × 新月 ★★☆☆☆	上弦の月 × 真昼 ★★★★☆
上弦の月 × 空 ★★☆☆☆	上弦の月 × 夕焼け ★★★★☆
上弦の月 × 山脈 ★★☆☆☆	上弦の月 × 深夜 ★★☆☆☆

下弦の月

ノリで勝負な愛嬌の達人

基本性格

好奇心旺盛で大器晩成型の気質をもち、出世するタイプ。仲よくなると気さくで、興味があることであれば臨機応変に対応できるなど順応性は高め。ただし飽きっぽくて集中力のないところがあり、興味のない話は聞いている風。根は明るく少し抜けている天然タイプですが、そこが大きな魅力です。

下弦の月のトリセツ

⬆好きなこと・喜ぶこと

- 好きな人たちからの応援
- 家族にほめられること
- 可能性を広げてくれる人
- 無添加や体によいもの
- 一流に触れること
- 自分を尊重してくれる人

⬇嫌がること・ストレスになること

- 否定されること
- 間違いを正されること
- 忘れないでと強制される
- 孤独感
- 「好き」を共感されない
- 責任を問われること

2024年の開運のカギ

やるといいこと	責任をもって何事も最後までやり抜く
気をつけるべきこと	キツイ口調や上辺だけの返事

2024年の開運相性

恋愛運を上げる天星	仕事運をのばす天星	金運をのばす天星
下弦の月 × 空	下弦の月 × 大陸	下弦の月 × 真昼

基本の開運色
黄色

2024年の開運色
ピンクベージュ

2024年の開運アイテム
財布

2024年の開運スポット
神社仏閣

天星タイプ別 基本の相性

下弦の月 × 満月	★★☆☆☆	下弦の月 × 大陸	★★★★★
下弦の月 × 上弦の月	★★★★☆	下弦の月 × 海	★★★★☆
下弦の月 × 下弦の月	★★★☆☆	下弦の月 × 朝日	★☆☆☆☆
下弦の月 × 新月	★☆☆☆☆	下弦の月 × 真昼	★★★☆☆
下弦の月 × 空	★★★★☆	下弦の月 × 夕焼け	★★★★☆
下弦の月 × 山脈	★★★☆☆	下弦の月 × 深夜	★★★★★

新月

想像力が豊かな寂しがり屋

基本性格

想像力が豊かでクリエイティブな発想に優れています。芸術的センスも抜群。本心を隠す傾向があり、警戒心が強い反面、本質は寂しがり屋です。心を許せる相手には本当の自分をさらけ出すことができます。自分の信念をもち、知識や能力を高めることに集中するといい方向にいくでしょう。

新月のトリセツ

⬆好きなこと・喜ぶこと

- マメな連絡、情報の共有
- 記念日を大切にすること
- 真剣な話し合い
- 気にかけてくれる人
- 好きなものを写真に収める
- 自分の考えに寄り添う人

⬇嫌がること・ストレスになること

- いい加減な態度
- 既読スルー
- 苦しみを分かち合えない
- 場を乱す人
- SOSを見過ごされる
- ひとりぼっちにされる

2024年の開運のカギ

やるといいこと　感動体験やワクワクすることをしてみる

気をつけるべきこと　自信をなくさない

2024年の開運相性

恋愛運を上げる天星	仕事運をのばす天星	金運をのばす天星
新月×深夜	新月×夕焼け	新月×朝日

基本の開運色
銀色

2024年の開運色
エメラルドグリーン

2024年の開運アイテム
ピンキーリング

2024年の開運スポット
星空がキレイな場所

天星タイプ別 基本の相性

組み合わせ	相性	組み合わせ	相性
新月×満月	★★★★☆	新月×大陸	★★★☆☆
新月×上弦の月	★★★★☆	新月×海	★★★★☆
新月×下弦の月	★★☆☆☆	新月×朝日	★★★★★
新月×新月	★☆☆☆☆	新月×真昼	★★★★☆
新月×空	★★★★☆	新月×夕焼け	★☆☆☆☆
新月×山脈	★★☆☆☆	新月×深夜	★★★★☆

★ 空 ★

包容力豊かな頑張り屋さん

基本性格

面白そうなことが大好きで、寛大な心のもち主。面倒見がよく困っている人を放っておけず、つい張り切ってしまうタイプ。自分に自信がないため人と比べ落ち込むと愚痴が多めに。どこか抜けていてツメが甘い面がある一方、仕事と恋愛の両立も得意な頼れるマルチプレーヤー。見栄っ張りで身内に冷たくなる傾向も。

空のトリセツ

⬆好きなこと・喜ぶこと

- いきつけの場所に行く
- 手土産（もらう、あげる）
- 気の合う人と食事＆談笑
- 自慢できる環境
- 満足感がある買い物
- お茶の時間

⬇嫌がること・ストレスになること

- 注意されること
- プライドを傷つけられる
- 仕事を邪魔される
- 異性関係に口出しされる
- すぐに対応しない人
- 待たされること

2024年の開運のカギ

やるといいこと	食のバランスを大切にし、欲を制御
気をつけるべきこと	体の不調のサインを見過ごさない

2024年の開運相性

恋愛運を上げる天星	仕事運をのばす天星	金運をのばす天星
空 × 下弦の月	空 × 朝日	空 × 上弦の月

基本の開運色
水色

2024年の開運色
白

2024年の開運アイテム
キーケース

2024年の開運スポット
レトロな喫茶店

天星タイプ別 基本の相性

空 × 満月 ★★★☆☆	空 × 大陸 ★★☆☆☆
空 × 上弦の月 ★★★★☆	空 × 海 ★★★★☆
空 × 下弦の月 ★★★★☆	空 × 朝日 ★★☆☆☆
空 × 新月 ★★☆☆☆	空 × 真昼 ★★★★☆
空 × 空 ★★★★★	空 × 夕焼け ★★☆☆☆
空 × 山脈 ★★★★☆	空 × 深夜 ★★★★★

大陸

冷静沈着な感性先取りタイプ

基本性格

才能豊かで独自のセンスのもち主。穏やかに見えて正義感が強く、決断が早く勝気なところも。情にもろく義理堅い面もあり、一旦やると決めたらやり抜く責任感の強い人です。実は慎重で小心者なので無意識のうちに自分を守ろうとしますが、親しい人の間では可愛いムードメーカーになるタイプです。

大陸のトリセツ

⬆好きなこと・喜ぶこと

- 憧れ、尊敬されること
- 成功すること
- すべて把握できる環境
- 自分が1番の状況
- 時間配分通りに進むこと
- ストレス解消の買い物

⬇嫌がること・ストレスになること

- バカにされること
- 口だけの人
- 手柄を奪われること
- 自分から折れること
- 弱い面を見破られること
- 服装やセンスへの口出し

2024年の開運のカギ

やるといいこと	“笑い”を大切にしてみる
気をつけるべきこと	すべて1人で抱え込まない

2024年の開運相性

恋愛運を上げる天星	仕事運をのばす天星	金運をのばす天星
大陸×夕焼け	大陸×下弦の月	大陸×山脈

基本の開運色
赤

2024年の開運色
シルバー

2024年の開運アイテム
ネイル
ハンドクリーム

2024年の開運スポット
湧き水がおいしい所

天星タイプ別 基本の相性

大陸×満月 ★★★☆☆	大陸×大陸 ★★★☆☆
大陸×上弦の月 ★★★★☆	大陸×海 ★★★★☆
大陸×下弦の月 ★★★☆☆	大陸×朝日 ★★★★★
大陸×新月 ★★☆☆☆	大陸×真昼 ★☆☆☆☆
大陸×空 ★★★★☆	大陸×夕焼け ★★★★☆
大陸×山脈 ★★☆☆☆	大陸×深夜 ★★★☆☆

海

二面性を隠しもった完璧主義者

基本性格

広く穏やかな海のように優しい雰囲気をもつ反面、完璧主義で深い海のように底知れぬ野心を隠しもっているタイプ。奥深くには、自分を守る強力な保護があり、自分軸が強め。人を信用するまで時間がかかります。自分でも自覚できていない思い込みや思考の癖をもつ実は頑固な人。本音を語らず、少々ドライな一面もあります。

海のトリセツ

⬆好きなこと・喜ぶこと

- 特別扱いされること
- 若く見られほめられること
- 丁寧にお礼を言われる
- ツボを押さえたほめ言葉
- 理解してもらえること
- 秘密を共有した優位な状況

⬇嫌がること・ストレスになること

- 自分のルールを変えること
- 人前で怒られること
- 自分をさらけ出すこと
- 短所を指摘してくる人
- 土足で踏み込まれること
- 思い通りにならないこと

2024年の開運のカギ

やるといいこと	謙虚な気持ちで心からの感謝をする
気をつけるべきこと	自分の固定観念に捉われない

2024年の開運相性

恋愛運を上げる天星	仕事運をのばす天星	金運をのばす天星
海×真昼	海×深夜	海×朝日

基本の開運色
青

2024年の開運色
オレンジ

2024年の開運アイテム
ゴールドピアス イヤリング

2024年の開運スポット
動物がいる場所

天星タイプ別 基本の相性

海×満月 ★★☆☆☆	海×大陸 ★★★☆☆
海×上弦の月 ★☆☆☆☆	海×海 ★☆☆☆☆
海×下弦の月 ★★★☆☆	海×朝日 ★★★☆☆
海×新月 ★★☆☆☆	海×真昼 ★★★☆☆
海×空 ★★★★☆	海×夕焼け ★☆☆☆☆
海×山脈 ★★★★☆	海×深夜 ★★★★★

朝日

自由気ままな気分屋さん

基本性格

マイペースで冒険心旺盛、楽しいことが大好き。実は人見知りですが、趣味やノリが同じ人とはすぐに仲よくなれます。根は無邪気で、意外に単純。枠にはまらず自由に生きたいという願望も。飽きっぽいですが、気分がのれば驚くほどの行動力を発揮し、周りを驚かせることもあります。

朝日のトリセツ

⬆好きなこと・喜ぶこと

- 自由な自分の時間
- 好きなことをやれる環境
- 優位に立てる状況
- 尊敬されること
- ゲームや漫画タイム
- 趣味やノリが同じこと

⬇嫌がること・ストレスになること

- 強制されること
- ルールを無視する人
- 細かい指示や確認作業
- 自分の時間を邪魔する人
- 比べられたりバカにされる
- 逃げ場がないこと

2024年の開運のカギ

やるといいこと	スマホより目の前の相手を大切に
気をつけるべきこと	ケガ。損得勘定で物事を決めない

2024年の開運相性

恋愛運を上げる天星	仕事運をのばす天星	金運をのばす天星
朝日 × 山脈	朝日 × 空	朝日 × 新月

基本の開運色
蛍光色

2024年の開運色
ゴールド

2024年の開運アイテム
帽子

2024年の開運スポット
歴史を感じる場所

天星タイプ別 基本の相性

朝日 × 満月 ★★☆☆☆	朝日 × 大陸 ★★★★★
朝日 × 上弦の月 ★★★★☆	朝日 × 海 ★★★☆☆
朝日 × 下弦の月 ★☆☆☆☆	朝日 × 朝日 ★★★★☆
朝日 × 新月 ★★★★☆	朝日 × 真昼 ★★★★☆
朝日 × 空 ★☆☆☆☆	朝日 × 夕焼け ★★☆☆☆
朝日 × 山脈 ★★★★☆	朝日 × 深夜 ★★☆☆☆

真昼

自由主義な行動派

基本性格

穏やかそうに見えますが、物事を先取りする直感やスピード感があり、考えるより先に行動する人。好き嫌いをハッキリと主張し、何事にも直球で短期決戦を好みます。いったん相手を信頼すると急激に距離を縮め、友達の輪をどんどん広げるなど、人との縁で自分を発展させられるタイプです。

真昼のトリセツ

⬆好きなこと・喜ぶこと

- 冒険や海外旅行
- 「さすが!」という言葉
- ベタなセリフ
- 自分に従ってくれる
- 高級品やブランド
- 努力する自分

⬇嫌がること・ストレスになること

- 自分のペースを崩される
- 待たされること
- 長期戦
- 優柔不断な人
- 細かく聞いてくる人
- 予定を把握されること

2024年の開運のカギ

やるといいこと	日常に運動を取り入れた健康な体づくり
気をつけるべきこと	感情的にならない。戦わない

2024年の開運相性

恋愛運を上げる天星	仕事運をのばす天星	金運をのばす天星
真昼 × 海	真昼 × 上弦の月	真昼 × 下弦の月

基本の開運色
橙色

2024年の開運色
茶色

2024年の開運アイテム
メガネ サングラス

2024年の開運スポット
鳥の鳴き声が聞こえる場所

天星タイプ別 基本の相性

真昼 × 満月	★★☆☆☆	真昼 × 大陸	★★☆☆☆
真昼 × 上弦の月	★★★★☆	真昼 × 海	★★★☆☆
真昼 × 下弦の月	★★★☆☆	真昼 × 朝日	★★★★☆
真昼 × 新月	★★★☆☆	真昼 × 真昼	★☆☆☆☆
真昼 × 空	★★★★★	真昼 × 夕焼け	★★☆☆☆
真昼 × 山脈	★★★★☆	真昼 × 深夜	★★☆☆☆

夕焼け

悠然としている頑張り屋さん

基本性格

強い信念をもち、一度目標を決めると秘めたパワーで突き進み、頑張る姿を人に見せたがらない、コツコツマイペースな陰の努力家です。壁があるように見えますが、意外と単純。要領がよく、根拠のない自信をもち合わせています。思考は論理的。実は打たれ弱く、少し短気な面も。好き嫌いがわかりやすい人です。

夕焼けのトリセツ

⬆好きなこと・喜ぶこと

- 包容力のある人に包まれる
- 得意なことをほめられる
- 過去の栄光への称賛
- 自分を好きな仲間といる
- 刺激を得ること
- マッサージ

⬇嫌がること・ストレスになること

- バカにされること
- 高圧的な態度や発言
- 自分を否定する人
- 不安にさせる言葉
- パーソナルスペースに入られること
- ダメ出し

2024年の開運のカギ

やるといいこと	家の中を整理し居心地のよい空間に
気をつけるべきこと	連絡は即レスを心がけ、溜めない

2024年の開運相性

恋愛運を上げる天星	仕事運をのばす天星	金運をのばす天星
夕焼け×大陸	夕焼け×新月	夕焼け×満月

基本の開運色
桜色

2024年の開運色
紫

2024年の開運アイテム
お香

2024年の開運スポット
懐かしさを感じる場所

天星タイプ別 基本の相性

夕焼け×満月 ★★★☆☆	夕焼け×大陸 ★★★★☆
夕焼け×上弦の月 ★★☆☆☆	夕焼け×海 ★★★★☆
夕焼け×下弦の月 ★★★☆☆	夕焼け×朝日 ★★☆☆☆
夕焼け×新月 ★☆☆☆☆	夕焼け×真昼 ★★☆☆☆
夕焼け×空 ★★☆☆☆	夕焼け×夕焼け ★★★★☆
夕焼け×山脈 ★★★★☆	夕焼け×深夜 ★★★★★

深夜

束縛を嫌う個性豊かな変わり者

基本性格

独特の感性や個性をもち、不思議な雰囲気をまとっています。自分のペースや世界を大切にし、我が道を進むタイプで、本当に好きなことは納得いくまでレベルを上げる頑張り屋。意地っ張りな面もあり、なかなか本心を伝えることができませんが、理解してくれる相手には深い愛情を注ぎます。

深夜のトリセツ

⬆好きなこと・喜ぶこと

- 自分だけの時間と空間
- パワースポット巡りの旅
- 楽しい毎日を送ること
- 本能に従って生きること
- うまく立ててもらうこと
- 休息をとること

⬇嫌がること・ストレスになること

- 根掘り葉掘り聞かれること
- 無駄なこと
- 状況を説明すること
- 偉そうな態度や人
- 束縛されること
- やりたいことを阻まれる

2024年の開運のカギ

やるといいこと	やりたいことリストを作る
気をつけるべきこと	紛失注意。データはバックアップを

2024年の開運相性

恋愛運を上げる天星	仕事運をのばす天星	金運をのばす天星
深夜×**新月**	深夜×**深夜**	深夜×**海**

基本の開運色	**茶色**
2024年の開運色	**緑**
2024年の開運アイテム	**ブレスレット**
2024年の開運スポット	**温泉地**

天星タイプ別 基本の相性

深夜×満月	★★☆☆☆	深夜×大陸	★★★☆☆
深夜×上弦の月	★★★★☆	深夜×海	★★★☆☆
深夜×下弦の月	★★★★★	深夜×朝日	★★★★☆
深夜×新月	★★☆☆☆	深夜×真昼	★☆☆☆☆
深夜×空	★★★☆☆	深夜×夕焼け	★★★☆☆
深夜×山脈	★★★★☆	深夜×深夜	★★★☆☆

★★★ 天星別 特徴

RANKING

誘惑に弱い 天星ベスト3

★1位★ 空

誘惑したりされたり、流されやすく、ミーハー気質で、欲に負けやすい傾向あり。

★2位★ 大陸

情にもろく、押しにも弱め。基本的には好きな人としか一緒にいたくないタイプ。

★3位★ 上弦の月・山脈

錯覚が入りやすく騙されやすい上弦の月と、楽しくなるとワクワクが止められない山脈。

考えすぎてしまう 天星ベスト3

★1位★ 満月

自分に自信がなく、実は気にしい。大丈夫かどうか些細な言動に敏感に反応し、スローダウン。

★2位★ 上弦の月

一度気になると、解決するまでモヤモヤ考え、こんがらがって、我慢しすぎて体調ダウン。

★3位★ 新月・真昼・深夜

妄想モードで心が弱りやすい新月。考える方向がズレやすい真昼。生きづらさを感じる深夜。

ケチな 天星ベスト3

★1位★ 山脈

節約家で貯金が趣味。人にはお金を使いたくないが、自分の欲しいものには投資。

★2位★ 深夜

合理性を考えて基本ワリカン。誰かのために使う概念はないが、自分に利があるなら惜しみなく使う。

★3位★ 夕焼け

お金には細かく現実的。損得勘定が敏感に働く。自分のためだと金銭感覚が疎くなりがち。

ランキング

人を信用しない天星ベスト3

1位　海

基本的に自分を守る。人は全員嘘つき、裏切ると過去の経験から決めつけていて、警戒している。

2位　新月

直感でピンとこなければ心を開かない。相手を警戒し、いろんな角度から探る。会話する時間次第。

3位　下弦の月・大陸

どちらも人は好き。上辺を合わせじっくり吟味する下弦の月。熱く語り価値観の一致で深まる大陸。

不安にさせてはいけない天星ベスト3

1位　新月

ネガティブスイッチあり。実はカマチョさんタイプ。何もかも嫌になると、殻に閉じこもる傾向が。

2位　夕焼け

強がっていても実は心配性。常に不安あり。空回りすると余裕がなくなり不満爆発。

3位　上弦の月・下弦の月

安心しないと落ち着かない上弦の月。不安から不満になりシャットダウンして逃げたくなる下弦の月。

見栄っ張りな天星ベスト3

1位　朝日

ついつい大人のふりをしてカッコつけがち。余裕がなくても後輩には自分のおかげだと演出。

2位　空

自分をよく見せるために無意識に取り繕ってしまい、持ち物や人脈でもちょっと自慢しがち。

3位　下弦の月・真昼

憧れられたい下弦の月、先取りしすぎな真昼、どちらも高級や一流といったステータスに弱め。

EPILOGUE

★ おわりに ★

最後まで読んでいただき、ありがとうございます。

今年、今月、今日
“今”がどんな流《リズム》れなのかを描いた

―天星術第四ステージ―
『星ひとみの天星術2024』いかがでしたでしょうか。

天星、天星ナンバー、様々な性質
沢山の星と、光と影。

本書を通じて、今この瞬間を知る。

自分の知らない側面に気づいたならば
すべてはチャンスに変わります。

『運命は変えられる』
私はそう信じています。

今の自分はどんな流れにあるのか
今は何をするのがベストなのか。

「天星術」を知り、運気のリズムに乗れば、あなたが描いた未来に
たくさんの笑顔が舞い込んできます。

2024年という1年、そしてこの1日を、
どう過ごしていこうかと悩んだとき、
迷ったときに、そっと開き参考にしてみてください。

「天星術占い、それは人生の道しるべ」

影の時期でも大丈夫。
決して怖がらず、
間違えたっていいんです。
間違えたからこそ見える世界もある。

雨が降るなら傘を持って
雪が降るなら装備ができる
あなたの歩む道のり
どんな地図も描いてゆけます。

今年1年の
あなたの人生に訪れる“光と影”。
本書から読みとり、どう感じ、どう捉えるか。

どんな瞬間も、
たとえ今見える景色がどんな世界でも、
あなたが生きているこの1秒は
これからの人生で一度しか見られない景色となる。

運気は、世界は、刻々と変わっていきます。
限られた生命、限られた時間。

あなたは
誰と過ごしたいですか?
何をしたいですか?

できることならば、皆様一人ひとりにお会いしたい気持ちですが
私が今、皆様のためにできることは何か
できる限りのエネルギーを皆様に届けられるように

たくさんの方々に光が届くように願いを込め、
各天星、天星ナンバーごと、赤白と一人ひとりの皆様に、
さらに深く届くよう、
細かく書かせていただきました。

本書を通じて、少しでも皆様の
お手伝いができたのなら幸いです。

ゆっくり深呼吸し
心を落ち着かせて。

小さな光を感じられるように
今あるすべてに感謝を。

あなたは幸せになれる人。

2024年

もう一度自分を信じ
もう一度幸せの選択を。

「天星術」

いつも心のそばに。
今年もあなたのお守りに。

皆様が少しでも素晴らしい1年を送れるよう
お祈りいたします。

あなたは“大丈夫”

それではまたお会いしましょう。

2023年 10月吉日　星ひとみ

STAFF

編集協力
高橋尚子
[KWC]
安井桃子、杉本真理、長谷和希子、
阿部雅美、梶原知恵、西島 恵

アートディレクション
松浦周作
[mashroom design]

ブックデザイン
石澤 縁
[mashroom design]

イラスト
miya

企画協力
中込圭介
[Gオフィス]

Star Eyes

本書カレンダー記載の祝日・休日は2023年10月現在のものです。
法律の改正等により変更になる場合があります。